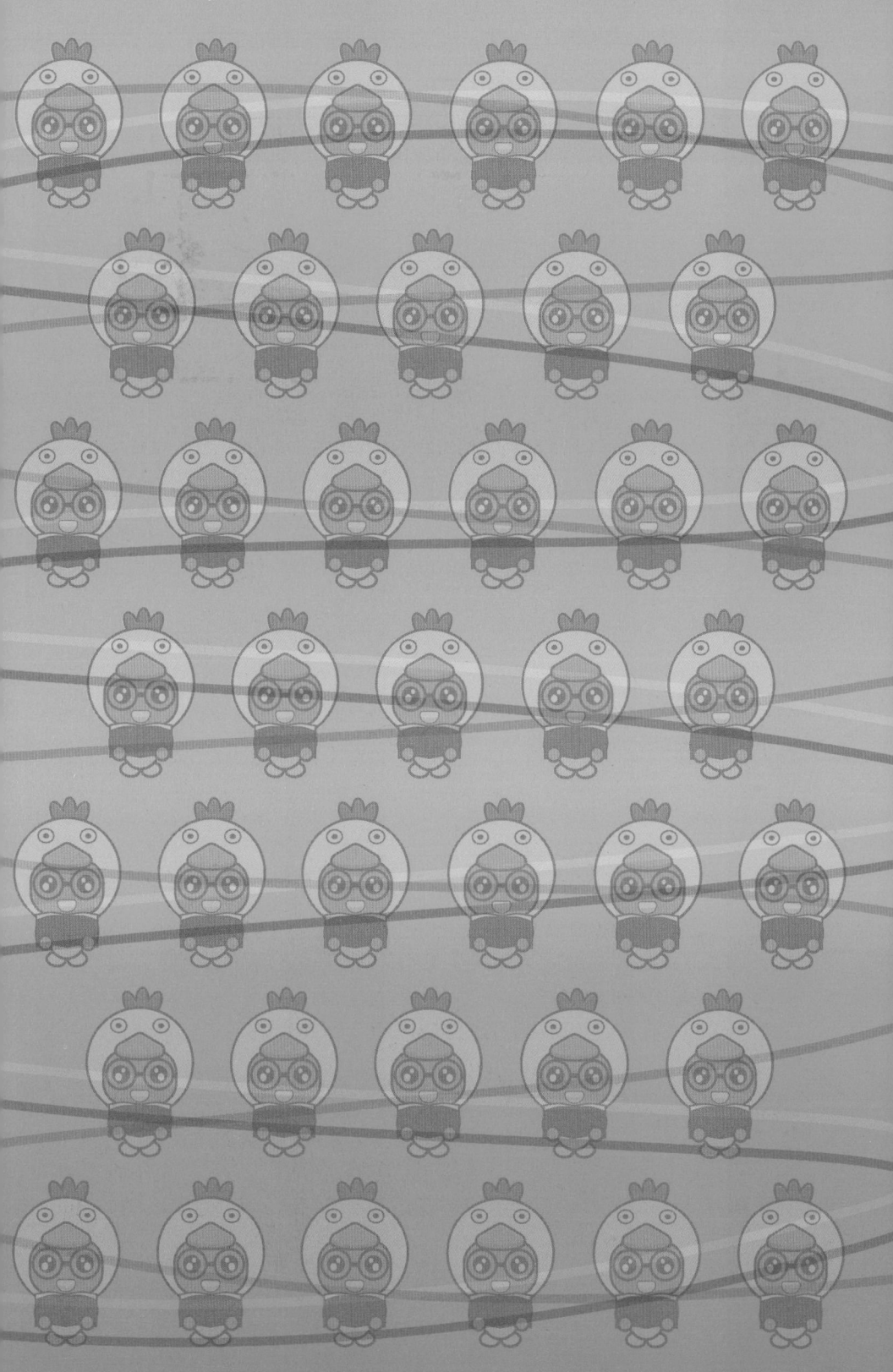

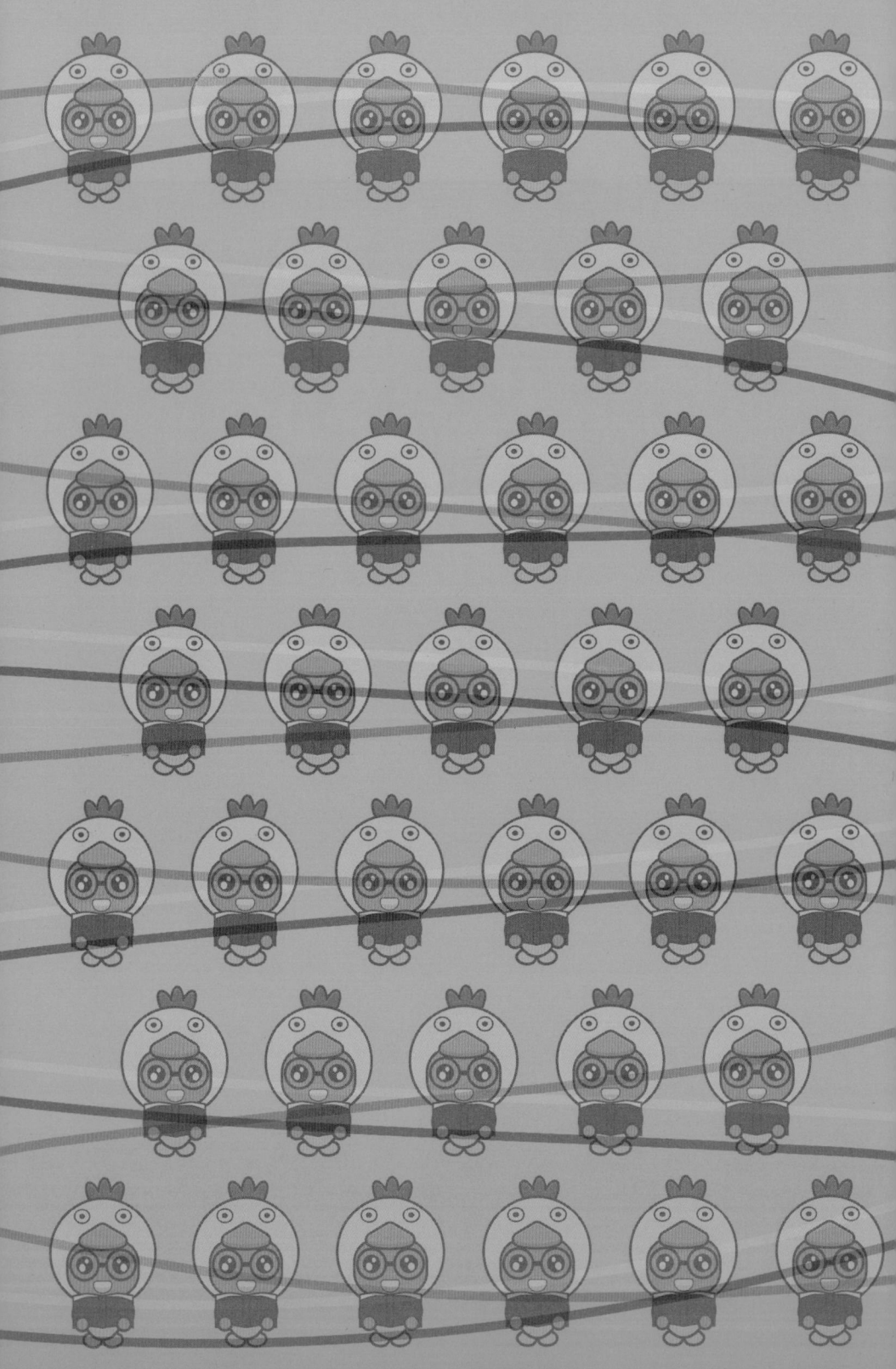

 **콕콕 찍어주는
꼬꼬 생활영어** -기초편- (개정판2)

1999년 01월 10일 초판　1쇄 펴냄
2025년 11월 25일 개정2　1쇄 펴냄

지은이 김완수
펴낸이 이규인
펴낸곳 국제어학연구소 출판부
책임편집 문성원
편집 김정은·진정수·유정옥
표지 디자인 임원숙
편집 디자인 임원숙·김미정

출판등록 2010년 1월 18일 제302-2010-000006호
주소 서울특별시 영등포구 문래북로116 903호(문래동3가 트리플렉스)
Tel (02) 704-0900　**팩시밀리** (02) 703-5117
홈페이지 www.bookcamp.co.kr
e-mail changbook1@hanmail.net
ISBN 979-11-9792035-6　13740

정가 16,800원

- 이 책의 저작권은 〈국제어학연구소 출판부〉에 있습니다.
  저작권법에 의해 보호를 받는 저작물이므로 무단 전재와 복제를 금합니다.
- 잘못 만들어진 책은 〈국제어학연구소 출판부〉에서 바꾸어 드립니다.

들어가며…

하루 5분, 75개의 표현으로 영어가 즐겁다

글로벌 시대를 맞이하여 영어가 세계 공용어로서 그 지위를 확보한 지는 꽤 오래되었습니다. 2018년 동계올림픽 유치 김연아 선수의 프레젠테이션은 세계적으로 뛰어난 한 선수의 능숙한 영어 구사가 얼마나 커다란 감동을 줄 수 있는가를 여실히 보여준 멋진 무대였습니다. 이와 같이 영어의 완벽한 구사는 글로벌 시대를 살아가는 우리에게는 미래를 위한 필수 요건이 되었습니다. 현실이 이렇다 보니 너나없이 엄마 뱃속에서부터 영어 노래를 들으며, 영어 동화책으로 영어 습득을 시작하기에 이르렀습니다. 하지만 모국어가 아닌 외국어의 습득이 꾸준히 지속적으로 이루어지지 못하는 현실이 사회에 나와서도 제대로 된 영어회화의 장벽으로 남는 일이 다반사가 되었습니다.

본 책은 필자가 다년간 학생들을 가르치면서 영어회화의 입을 떼는 데 있어서의 애로는 의외로 필수적이고 기본적인 표현들에의 숙달 미숙에 기인한다는 점에 착안하여 수준 높은 응용표현들이 아닌 기본적이고 유용한 표현들로 학습에 도움을 주고자 주안점을 두었습니다. 기존의 책들에 비해 활용도가 높고 간단한 표현들을 실었으며, 또한 너무 자세한 내용을 담아놓는 것이 오히려 학습자에게 부담을 주고 따분하게 한다는 점을 고려해 대화도 최대한 짧게 구성하였습니다.

일상회화에 필수적인 다양한 상황들로 구성되어 매우 유익하리라 생각됩니다. 독자 여러분의 영어 숙달에 많은 도움이 되길 빌며 여러분의 정진을 진심으로 기원합니다.

국제어학연구소 출판부 일동

이 책의 구성

UNIT
각 unit마다 가장 일상적이고 우리들이 자주 접할 수 있는 상황들을 연출하여 자연스럽게 외국인과의 대화를 할 수 있도록 하였어요.

USEFUL EXPRESSIONS
상황별 유용한 표현들을 배우는 코너예요. 이런 상황에서는 이러한 표현들이 가장 손쉽게 자주 쓰인다는 것을 확실히 기억하도록 해요.

DIALOGUE ①, ②
머릿속으로만 알고 있는 표현들을 실제 상황처럼 바로바로 나올 수 있도록 외국인과 이야기하듯이 말해 보는 코너예요.

FURTHER STUDY
앞에서 배운 표현에서 부족한 부분을 조금 더 배워보는 코너예요. 조금씩 더 깊이, 그리고 더 넓게 익혀 보아요.

WORDS
외국어 습득의 가장 기본인 어휘, 단어가 문장 속에서 어떻게 쓰이는지 확실히 이해하고 익혀 보아요.

track은 각 unit마다 나눠집니다.

차례

머리말 4　이책의 구성 5

PART 1 생활영어 회화

Unit 01	*Hi!* 안녕하세요!	10
Unit 02	*Goodbye.* 안녕히 가세요.	14
Unit 03	*Glad to meet you.* 만나서 반가워요.	18
Unit 04	*Long time no see.* 오랜만입니다.	22
Unit 05	*I beg your pardon?* 다시 한 번 말씀해 주시겠습니까?	26
Unit 06	*Thank you very much.* 대단히 감사합니다.	30
Unit 07	*I am very sorry.* 대단히 죄송합니다.	34
Unit 08	*May I ask a favor of you?* 제가 부탁 한 가지 해도 될까요?	38
Unit 09	*I think so.* 저도 그렇게 생각합니다.	42
Unit 10	*How can I contact you?* 당신에게 어떻게 연락할 수 있죠?	46
Unit 11	*What do you do?* 하시는 일이 뭐죠?	50
Unit 12	*How many are there in your family?* 가족이 몇 명이죠?	54
Unit 13	*Are you married?* 결혼하셨나요?	58
Unit 14	*What's your hobby?* 취미가 뭐죠?	62
Unit 15	*Do you have the time?* 몇 시입니까?	66
Unit 16	*It's cloudy, today.* 오늘 날씨가 흐리다.	70
Unit 17	*Congratulations on your promotion!* 승진을 축하드립니다!	74
Unit 18	*I'd like to invite you to my house.* 당신을 저의 집으로 초대하고 싶습니다.	78
Unit 19	*Please come in.* 어서 들어오세요.	82
Unit 20	*Please help yourself.* 마음껏 드세요.	86
Unit 21	*Would you like a cup of coffee?* 커피 한 잔 드시겠어요?	90
Unit 22	*Have you ever tried Korean food?* 한국 음식 드셔본 적 있으세요?	94
Unit 23	*This coffee is on me.* 이 커피는 제가 사겠어요.	98

Unit 24	*How was your weekend?* 주말을 어떻게 보냈어요?	102
Unit 25	*What do you do in your free time?* 여가 시간에 뭘 하시나요?	106
Unit 26	*When will it be free?* 언제 시간이 나시겠어요?	110
Unit 27	*Did you have a nice vacation?* 휴가 잘 보내셨어요?	114
Unit 28	*I'm off tomorrow.* 저는 내일 근무하지 않습니다.	118
Unit 29	*What do you do when you're stressed?* 스트레스를 받으면 뭐 하세요?	122
Unit 30	*You look depressed.* 너 우울해 보인다.	126
Unit 31	*I had a bad day today.* 난 오늘 재수가 없었다.	130
Unit 32	*I love you.* 당신을 사랑합니다.	134
Unit 33	*You had better take my advice.* 너는 내 충고를 받아들이는 게 좋겠다.	138
Unit 34	*My major is English.* 제 전공은 영어입니다.	142
Unit 35	*How was your exam?* 시험 잘 봤니?	146
Unit 36	*It was on the book.* 그것은 책 위에 있었다.	150
Unit 37	*What are you going to do?* 넌 뭐 할거니?	154
Unit 38	*I'm calling about your help-wanted ad.* 구인 광고를 보고 전화를 드리는 중입니다.	158
Unit 39	*Do you want to get a part-time job?* 시간제 일자리를 얻기 원하니?	162
Unit 40	*There's something wrong with my washing machine.* 세탁기에 뭔가 문제가 생겼습니다.	166
Unit 41	*I want this suit dry-cleaned.* 나는 이 양복을 드라이하고 싶습니다.	170
Unit 42	*Fill it up with supreme, please.* 고급으로 가득 채워 주세요.	174
Unit 43	*I had a car accident.* 나한테 자동차 사고가 있었다.	178
Unit 44	*I think that's my jacket.* 저것은 제 자켓 같은데요.	182
Unit 45	*Could I borrow some eggs?* 달걀 좀 빌려주시겠어요?	186
Unit 46	*Can you save my place, please?* 제 자리 좀 보아주시겠습니까?	190
Unit 47	*Is there a restroom near here?* 이 근처에 화장실이 있습니까?	194
Unit 48	*Where is the taxi stand?* 택시 타는 곳이 어디입니까?	198
Unit 49	*May I help you?* 어서 오세요. 도와드릴까요?	202
Unit 50	*I'd like to see a movie tonight.* 오늘밤 영화를 보고 싶군요.	206

PART 2 생활영어 회화

Unit 01 *May I see your boarding pass, please?* 탑승권 좀 보여주시겠습니까? 212

Unit 02 *What's the purpose of your visit?* 당신의 방문 목적은 무엇입니까? 216

Unit 03 *My suitcase didn't come out.* 내 여행가방이 나오지 않았습니다. 220

Unit 04 *Do you have anything to declare?* 신고할 물건 있습니까? 224

Unit 05 *I'd like to check in, please.* 체크인하고 싶습니다. 228

Unit 06 *I'd like to check out.* 체크아웃하길 원합니다. 232

Unit 07 *Where is a pay phone(public phone)?* 공중전화는 어디에 있습니까? 236

Unit 08 *How can I make a collect call?* 수신자 부담 통화는 어떻게 걸죠? 240

Unit 09 *Where can I get on a bus?* 어디에서 버스를 탈 수 있죠? 244

Unit 10 *Could you suggest a good restaurant?*
좋은 레스토랑을 권해 주시겠어요? 248

Unit 11 *Could you tell me where the Tourist Information Office is?*
관광안내소가 어디에 있는지 가르쳐 주시겠습니까? 252

Unit 12 *Are there any historical sites?* 사적지들이 있습니까? 256

Unit 13 *May I try it on?* 입어봐도 될까요? (끼어봐도 될까요?) 260

Unit 14 *Do we need anything from the supermarket?*
슈퍼마켓에서 사올 게 있을까요? 264

Unit 15 *I'd like to rent a car.* 차를 빌리고 싶습니다. 268

Unit 16 *I'd like to rent this apartment.* 이 아파트를 빌리고 싶은데요. 272

Unit 17 *I'd like to send this letter to Korea.* 이 편지를 한국으로 보내고 싶습니다. 276

Unit 18 *I'd like to open an account.* 구좌를 개설하고 싶습니다. 280

Unit 19 *I have a high fever.* 고열이 납니다. 284

Unit 20 *I have a terrible toothache.* 저는 치통이 심합니다. 288

Unit 21 *Where is the pharmacy(drugstore)?* 약국이 어디에 있습니까? 292

Unit 22 *My handbag was stolen.* 핸드백을 도둑맞았어요. 296

Unit 23 *Would you mind taking a picture of us?* 우리들 사진 좀 찍어 주실래요? 300

Unit 24 *Could I enlarge this picture?* 이 사진을 확대할 수 있을까요? 304

Unit 25 *I'd like to get my hair cut.* 머리를 깎기 원합니다. 308

PART 1

생활 영어 회화

 Track 01

Unit 01

Hi!
안녕하세요!

미국인들이 가장 부담 없이 많이 쓰는 인사말은 'Hi'이다. 우리말의 '안녕하세요.'에 해당되는 말이다.
'Hello'는 'Hi'보다 조금 공손한 표현으로 널리 쓰인다.
'Good Morning(아침인사)'은 가장 예의 바른 인사말로 웃어른께 사용하면 좋다. 그러나 누구에게나 사용하는 인사말이기도 하다. 우리나라 사람처럼 머리를 수그리지 않은 채 상대방의 눈을 쳐다보며 반가운 표정으로 인사를 나누면 된다.
이어서 나오는 인사말로는 '어떻게 지내십니까?'를 의미하는 'How are you?'나 'How are you doing?'을 많이 사용한다.

🔊 USEFUL EXPRESSIONS

01 Good morning.

02 Good afternoon.

03 Good evening.

04 Good night.

05 Hi.

06 Hello.

07 Hi. How are you?

08 Fine, thank you. And you?

09 Fine, thank you.

10 How's your family?

---

01 안녕하세요.(아침인사)
02 안녕하세요.(오후인사)
03 안녕하세요.(저녁인사)
04 안녕히 주무세요.
05 안녕.
06 안녕.
07 안녕하세요. 잘 지내세요?
08 잘 지내요. 어떻게 지내세요?
09 잘 지내요. 고마워요.
10 가족은 어떻게 지내세요?

DIALOGUE ①

A: Hi, Judy.
B: Hi, Jun-ho. How are you?
A: Fine, thank you. And you?
B: Very well, thank you.

A: 안녕, 쥬디.
B: 안녕, 준호. 어떻게 지내니?
A: 잘 지내. 고마워. 그런데 넌?
B: 잘 지내. 고마워.

FURTHER STUDY

Good evening.은 저녁이나 밤에 상대방을 만났을 때 하는 인사이고, **Good night.**은 '잘 자'라는 인사로 쓰인다. **How are you (doing)?**은 상대방의 안부를 묻는 표현이고, **How's it going?**이나 **How's everything?**은 하는 일의 안부를 묻는 표현이다(재미 좋은가?, 일은 잘 되나?). '잘 지낸다'는 표현으로는 **Fine.**말고도 **Great. Just fine. Very well.** 등이 있다. 상대방이 의례적으로가 아니라 진정으로 건강상태를 알고 싶어하는 것 같을 때, 건강상태가 별로 안 좋은 경우는 이런 표현들로 대답하면 된다. **Not so well. I am not feeling well.**

 **DIALOGUE ②**

A: Good morning, sir.
B: Good morning, Jun-ho. How's it going?
A: Great. Have a nice day.
B: (The) same to you.

A: 안녕하세요, 사장님.
B: 안녕하신가, 준호씨. 일은 잘 되나?
A: 그럼요. 좋은 하루 되세요.
B: 자네도 잘 보내게.

WORDS

- **fine** [fain] 좋은, 훌륭한
- **very** [véri] 매우, 대단히
- **morning** [mɔ́ːrniŋ] 아침
- **evening** [íːvniŋ] 저녁
- **thank** [θæŋk] 감사하다
- **good** [gud] 좋은
- **afternoon** [æftərnúːn] 오후
- **how** [hau] 어떻게

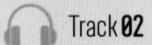 Track 02

Unit 02

Goodbye.
안녕히 가세요.

언제 어디서 누구와 헤어지더라도 쓸 수 있는 가장 일반적인 표현은 Goodbye이다. 밤에 헤어질 때는 Good night를 쓴다. Bye-bye는 어린이들이 흔히 쓰는 표현이지만 어른들도 친한 사이에서는 사용한다. 친한 사이에서는 Bye, See you, So long 등도 많이 쓰인다.

📢 USEFUL EXPRESSIONS

01 Good-bye.

02 Bye.

03 See you.

04 So long.

05 See you later.

06 See you tomorrow.

07 See you at 7.

08 See you next week.

09 See you on Saturday.

10 Have a nice day.

11 Have a nice weekend.

12 Take care.

01 안녕히 가세요.
02 안녕.
03 안녕.
04 안녕.
05 나중에 만나요.
06 내일 만나요.
07 7시에 만나요.
08 다음 주에 만나요.
09 토요일에 만나요.
10 좋은 하루 보내세요.
11 좋은 주말 보내세요.
12 몸조심하세요.

DIALOGUE ①

A: I don't feel very well today.
B: That's too bad.
   Take care of yourself.
A: Thank you. See you tomorrow.
B: Bye.

A: 난 오늘 몸 상태가 별로 좋지 않아.
B: 안됐구나. 몸조심해.
A: 고마워. 내일 만나.
B: 안녕.

- **miss** 그리워하다
- **Have a nice holiday.** 휴일 잘 보내.
- **Have a nice vacation.** 휴가 잘 보내세요.
- **Drop me a line.** 편지 보내요.
- **Good luck to you.** 당신에게 행운이 있기를 빕니다.
- **I'm afraid I must be going now.** 지금 가봐야만 될 것 같군요.
- **I think it's about time to leave.** 떠날 시간이 된 것 같아요.

DIALOGUE ②

A: I have to go now.
I'm going to miss you.
B: I'm going to miss you, too.
A: Goodbye.
B: Have a nice trip.

A: 지금 가봐야만 되겠어.
보고 싶을 거야.
B: 나도 보고 싶을 거야.
A: 안녕.
B: 여행 잘 보내.

- week [wi:k] 주
- say [sei] 말하다
- care [kɛər] 염려, 돌봄, 주의
- Have a nice weekend. 주말 잘 보내세요.
- weekend [wíːkènd] 주말
- luck [lʌk] 운명, 운
- take care. 몸조심하세요.

 Track 03

Unit 03

Glad to meet you.
만나서 반가워요.

외국인과 처음 만났을 때 'How do you do?'나 'Hi', 'Hello' 등의 인사말을 하고 Nice to meet you.를 사용하면 좋다. 이어서 자기소개(나라 이름, 자기 이름 등)를 하면 제격이다. 외국인이 말을 걸어오길 기다리며 주저하지 말고 먼저 반가운 표정으로 인사말을 하면 즐거운 대화가 이루어질 것이다.

USEFUL EXPRESSIONS

01 How do you do?

02 Nice to meet you.

03 Let me introduce myself.

04 My name is Jin-su Kim.

05 I am from Korea.

06 I am Korean.

07 Pleased to meet you.

08 Nice to meet you, too.

09 This is my friend Smith.

01 처음 뵙겠습니다.
02 만나서 반갑습니다.
03 제 소개를 하겠습니다.
04 제 이름은 김진수입니다.
05 저는 한국에서 왔습니다.
 (저는 한국 사람입니다.)
06 저는 한국 사람입니다.
07 만나서 반갑습니다.
08 저도 역시 만나서 반가워요.
09 이쪽은 제 친구 스미스예요.

DIALOGUE ①

A: Hi. Glad to meet you.

B: Hi. Glad to meet you, too.

A: I am In-su Kim from Korea.

B: I am Jane.

A: 안녕하세요. 만나서 반가워요.
B: 안녕하세요. 저도 역시 반가워요.
A: 저는 한국에서 온 김인수예요.
B: 저는 제인입니다.

FURTHER STUDY

Ms.는 상대여자가 미혼인지 기혼인지 모를 때 사용한다. 타인을 소개할 때는 아랫사람을 윗사람에게, 남성을 여성에게 먼저 한다. 악수를 할 때는 머리를 숙이거나 건성으로 하지 말고 얼굴을 쳐다보고 짧게 진실한 마음으로 한다. 외국인의 이름은 우리나라의 경우와 달리 이름이 먼저 나오고 성이 뒤에 쓰인다. 예를 들어 **Bill Clark**이라면 **Bill**이 이름이고 **Clark**이 성이다. 첫 만남일 때는 성 앞에 **Mr., Miss, Mrs.**를 붙여서 부르는 게 무난하다.

DIALOGUE ②

A: Nice to meet you.
   I am from Korea.
   My name is In-su Kim.

B: Nice to meet you, too.
   My name is Jane.

A: 만나서 반가워요.
   저는 한국에서 왔어요.
   제 이름은 김인수예요.

B: 저도 역시 만나서 반가워요.
   제 이름은 제인이에요.

WORDS

· meet [miːt] 만나다　　　　　· nice [nais] 기분좋은, 친절한
· my [mai] 나의　　　　　　　· name [neim] 이름
· from ~로부터, 출처나 출신지를 나타낼 때 쓰임
· let + 목적어 + 동사원형 목적어가 ~하게 하다
　　　　　　　　　　　　　목적어가 ~하는 것을 허락하다

 Track 04

Unit 04

Long time no see.
오랜만입니다.

오랜만에 만났을 때의 대화는 날마다 나누는 인사와는 달리, 오랫동안 궁금했던 안부를 묻는 감동적인 대화가 좋다.
보통 Long time no see.나 I haven't seen you for a long time을 가장 많이 사용하는데, 그동안의 안부를 묻는 인사말로는 How have you been?을 쓰면 된다.

📢 USEFUL EXPRESSIONS

01 It's been a long time.

02 I haven't seen you for a long time.

03 I haven't seen you in years.

04 I haven't seen you for ages.

05 I haven't seen you around lately.

06 How have you been?

07 Everything's fine with me.

08 Where do you live now.

09 Are you still a painter?

10 I'm afraid I have to go now.

11 I must get going.

12 Let's keep in touch.

01 오랜만입니다.
02 오랜만입니다.
03 오랜만입니다.
04 오랜만입니다.
05 최근에 뵙지를 못했네요.
06 어떻게 지내셨습니까?
07 만사형통입니다.
08 지금 어디에 사시죠?
09 당신은 아직도 도장공입니까?
10 지금 가봐야만 될 것 같아요.
11 가봐야만 되겠어요.
12 계속 연락하자.

DIALOGUE ①

A: Tom! I can't believe it's you!
I haven't seen you in years.
B: That's right, Michael.
Long time no see.
How have you been?
A: Fine. And how about you?
B: Everything's fine with me, too.

A: 탐! 너라는 게 믿어지지 않는구나.
　수년간 보질 못했구나.
B: 맞아, 마이클.
　오랜만이다.
　그동안 어떻게 지냈니?
A: 잘 지냈어. 그런데 너는?
B: 나도 역시 만사형통이야.

· **Long time no see.** 는 **I haven't seen you for a long time.** 의 준말이다.
· **It's been such a long time since I saw you.** 당신을 본지 오래 되었군.

DIALOGUE ②

A: Tom, Are you still a barber?
B: No, I haven't been a barber for several years.
A: Really? What do you do now?
B: I'm a taxi driver. And how about you?
A: I'm a carpenter.

A: 탐, 넌 아직도 이발사니?
B: 아니, 이발사 그만둔 지 몇 년 됐어.
A: 정말? 지금은 뭐하니?
B: 택시기사야. 그런데 너는?
A: 나는 목수야.

 WORDS

· **for ages** 오랫동안
· **painter** [péintər] 도장공, 화가
· **taxi driver** [tǽksi dráivər] 택시기사
· **lately** [léitli] 최근에
· **barber** [bɑ́ːrbər] 이발사
· **carpenter** [kɑ́ːrpəntər] 목수

 Track 05

Unit 05

I beg your pardon?

다시 한 번 말씀해 주시겠습니까?

상대방의 말을 제대로 이해하지 못했을 때는 대충 넘어가려 하지 말고 반드시 되물어서 이해를 분명히 하는 게 좋다. 적당히 넘어가려다가 상대방의 오해를 사는 경우들이 종종 있다.

USEFUL EXPRESSIONS

01 I beg your pardon?

02 Beg your pardon?

03 Pardon me?

04 Pardon?

05 Would you mind repeating what you said?

06 What do you mean by that?

07 I'm sorry I didn't catch what you said.

08 Would you please write it down?

09 How do you spell that?

10 Could you spell that for me?

11 What does that mean?

12 How do you pronounce that?

01 다시 한 번 말씀해 주시겠습니까?
02 다시 한 번 말씀해 주실래요?
03 다시 한 번 말씀을?
04 다시 말씀을?
05 말씀하신 것을 반복해 주시겠어요?
06 그것은 무슨 뜻이죠?
07 말씀하신 것을 알아듣지 못했습니다.
08 그걸 써 주시겠습니까?
09 그건 철자가 어떻게 되나요?
10 저를 위해 철자를 말씀해 주실래요?
11 그건 무슨 뜻이죠?
12 그것을 어떻게 발음하나요?

DIALOGUE ①

A: My name is Robert Browning.

B: Beg your pardon?

A: Robert Browning.

B: Could you spell that for me?

A: R o b e r t   B r o w n i n g.

A: 제 이름은 로버트 브라우닝입니다.
B: 다시 한 번 말씀해 주실래요?
A: 로버트 브라우닝입니다.
B: 저를 위해 철자를 말해 주실래요?
A: 알 오 비 이 알 티 비 알 오 더블유 앤 아이 엔 쥐입니다.

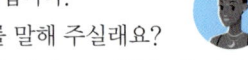

- **Would you please~? / Would you~? / Will you~?** ~해 주시겠어요?

  ※ **Would**를 쓰는 것이 **Will**을 쓰는 것보다 공손한 표현이다.

  ex) Would you please open the window? 창문 좀 열어 주시겠어요?

DIALOGUE ②

A: Could you tell me the way to the library?
B: Pardon me?
   What do you mean by that?
A: I'm sorry.
   I didn't mean to upset you?

A: 도서관으로 가는 길을 말씀해 주시겠습니까?
B: 다시 한 번 말씀해 주실래요?
   그 말이 무슨 뜻이죠?
A: 미안합니다.
   당신을 당황시키려는 의도는 없었습니다.

- **beg** [beg] 빌다, 청하다
- **repeat** [ripíːt] 반복하다
- **catch** [kætʃ] 이해하다
- **pardon** [páːrdn] 용서, 용서하다
- **mean** [miːn] 의미하다
- **spell** [spel] (~이라고) 철자하다

 Track 06

Unit 06

Thank you very much.

대단히 감사합니다.

우리는 상대방의 호의에 대하여 마음으로는 느끼면서도 표현하는 데는 다소 부족한 것 같다. 이러한 태도는 외국인에게 오해를 사기 쉽다. 상대방의 감사의 표현에 대하여도 적절한 응대를 하는 것이 반드시 필요하다.

USEFUL EXPRESSIONS

01 Thank you.

02 Thanks.

03 Thanks a lot.

04 Thank you so much.

05 Thank you for your kindness.

06 Thank you for your help.

07 Thanks for calling.

08 Thanks for coming.

09 I appreciate your consideration.

10 I appreciate your generosity.

11 Not at all.

12 You're welcome.

13 Don't mention it.

01 감사합니다.
02 고마워요.
03 매우 고마워요.
04 대단히 감사합니다.
05 당신의 친절에 감사드립니다.
06 도와 주셔서 감사합니다.
07 전화 주셔서 감사합니다.
08 와 주셔서 고마워요.
09 배려해 주셔서 감사합니다.
10 관대함에 감사드립니다.
11 천만에요.
12 천만에요.
13 천만에요.

DIALOGUE ①

A: Thank you for inviting me to your party. I had a very nice time.
B: I'm glad you enjoyed it.
A: Good-bye.

A: 파티에 초대해 주셔서 고마워요. 매우 좋은 시간을 보냈어요.
B: 즐겁게 보내셨다니 기쁘군요.
A: 안녕히 계세요.

FURTHER STUDY

- It's my pleasure. 천만에요.
- No, thanks. 아니에요. 괜찮습니다.
- Thank you anyway. 어쨌든 고맙습니다.
- Thanks for everything. 여러 가지로 고마워요.
- How can I repay you? 어떻게 보답을 하죠?
- Never mind. 염려하지 마세요.
- I have no words to express my thanks.
  뭐라고 고맙다는 말을 해야할지 모르겠군요.

DIALOGUE ②

A: Thank you for your present.
The watch is too pretty.
B: You're welcome.
I'm glad you like it.

A: 선물 주신 것 감사드려요.
시계가 너무 예뻐요.
B: 천만에.
네가 마음에 든다니 기쁘구나.

- **kindness** [káindnis] 친절
- **call** [kɔːl] 전화를 걸다
- **mention** [ménʃən] ~에 대하여 언급하다
- **present** [prézənt] 선물, 출석한, 현재
- **Thank you for~** ~에 대해서 감사하다
  ex) Thank you for your kindness. 친절하게 대해 주셔서 감사합니다.

 Track 07

Unit 07

I am very sorry.
대단히 죄송합니다.

상대에게 용서를 구하거나 사과할 일이 있을 경우에는 사전이나 사후에 반드시 적절한 인사말을 잊어서는 안 된다. 우리나라에서 전철을 타고 가다 남의 몸을 건드리거나 발을 밟았을 때 아무 말도 안 하는 사람들을 보게 된다. 이러한 행동은 결코 예의바른 행동이 아닐 것이다.

USEFUL EXPRESSIONS

01 Sorry.

02 Excuse me.

03 I beg your pardon.

04 I'm sorry I'm late.

05 I'm sorry to bother you.

06 Sorry to interrupt you.

07 Excuse me for a moment.

08 It was my fault.

09 Please forgive me.

10 Forgive me for being late.

11 I can't apologize enough.

12 That's all right.

13 It's okay.

01 미안해요.
02 실례합니다.
03 죄송합니다.
04 늦어서 미안합니다.
05 귀찮게 해서(폐를 끼쳐서) 죄송합니다.
06 방해해서 죄송합니다.
07 잠깐 실례하겠습니다.
08 제 잘못이었습니다.
09 용서해 주세요.
10 늦은 걸 용서해 줘.
11 어떻게 사과를 드려야 할지 모르겠습니다.
12 괜찮습니다.
13 괜찮아요.

DIALOGUE ①

A: I'm sorry I'm late.

B: Why are you so late.

A: I overslept.

B: Don't be late again.

A: 늦어서 미안합니다.
B: 왜 그렇게 늦었니?
A: 늦잠을 잤습니다.
B: 다시는 늦지 말아라.

FURTHER STUDY

- **I beg your pardon.**과 **Excuse me.**는 끝을 내려 읽으면 '죄송합니다' 라는 뜻이 되고 끝을 올려 읽으면 '다시 한 번 말씀해 주시겠어요?' 의 뜻이 된다.
- **No problem.** 문제없습니다. 괜찮습니다.
- **It was my fault.** 그건 제 잘못이었습니다.
- **I owe you an apology.** 당신에게 사과할 일이 있습니다.

DIALOGUE ②

A: Excuse me, where is the subway station?
B: I'm sorry, but I don't know.

A: 실례지만, 지하철역이 어디에 있죠?
B: 미안합니다만 모르겠어요.

- apologize[əpάlədʒàiz] 사과하다
- pardon[pɑːrdn] 용서
- interrupt[ìntərʎ́pt] 방해하다
- forgive[fərgív] 용서하다
- beg[beg] ~을 청하다
- fault[fɔːlt] 결점, 잘못

Track 08

Unit 08

May I ask a favor of you?

제가 부탁 한 가지 해도 될까요?

상대방에게 뭔가를 부탁하거나 의뢰할 때는 예의바른, 공손한 표현이 필요하다. 일반적으로는 조동사의 과거형을 쓰는 것이 정중한 표현이 된다.

USEFUL EXPRESSIONS

01 Do you mind if I smoke?

02 No, of course not.

03 Will(Would) you do me a favor?

04 May I help you?

05 May I use your telephone?

06 Can I sit down here?

07 Do you mind if I open the window?

08 Not at all.

09 Sure.

10 Be my guest.

11 No problem.

12 All right.

01 담배를 피워도 괜찮겠습니까?
02 물론 괜찮습니다.
03 부탁 한 가지 들어주시겠어요?
04 도와드릴까요?
05 전화 좀 사용해도 될까요?
06 여기에 앉아도 될까요?
07 창문을 열어도 될까요?
08 괜찮고 말고요.
09 물론이죠.
10 그렇게 하시죠.
11 전혀 문제없습니다.(괜찮습니다)
12 괜찮습니다.

DIALOGUE ①

A: Would you mind if I smoke?

B: No, of course not.
And do you mind if I open the window?

A: Not at all. Go ahead.

A: 담배를 피워도 괜찮겠어요?
B: 예, 물론입니다.
    그런데 내가 창문을 열어도 될까요?

A: 그럼요, 어서 여시죠.

· **Would you like to have a seat?** 앉으시겠습니까?
· **Could you go over it with me?** 저와 함께 검토해 주시겠습니까?
· **May I come in?** 들어가도 될까요?
· **Would you mind~?** ~해도 괜찮겠어요?
 ※ **Mind**는 '꺼리다, 싫어하다'의 뜻이다. 직역하면 '~한다면 꺼리시겠어요?'의 뜻이다.

DIALOGUE ②

A: Do you mind helping me carry this bag?

B: No problem.
   Where do you want to take it?

A: On the second floor.

B: Let's go.

A: Thank you very much.

A: 이 가방 운반하는 걸 도와줄 수 없겠어요?
B: 좋습니다.
   어디로 가져가길 원하시죠?
A: 이층으로요.
B: 갑시다.
A: 대단히 고맙습니다.

- favor [féivər] 은혜, 부탁, 호의, 친절
- carry [kǽri] 운반하다
- problem [prɑ́bləm] 문제
- May I come in? 들어가도 될까요?
- smoke [smouk] 담배를 피우다
- take [teik] 가져가다
- second floor 이층

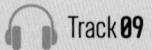 Track 09

Unit 09

I think so.
저도 그렇게 생각합니다.

상대방이 말을 할 때 가만히 쳐다보기만 하는 것은 대화의 분위기를 어색하게 한다. 상대방의 말에 적당히 맞장구를 쳐주는 것이 대화를 즐겁게 하고 원활히 하는 데 매우 도움이 된다.

📣 USEFUL EXPRESSIONS

01 I quite agree with you.

02 I think so.

03 Really?

04 Is that so?

05 That's right.

06 That's great.

07 I hope so.

08 I can't believe it.

09 What a surprise!

10 That's terrible.

11 I'm glad to hear that.

12 I'm sorry to hear that.

---

01 전적으로 동의합니다.
02 저도 그렇게 생각합니다.
03 정말이에요?
04 그래요?
05 맞아요.
06 멋져요.
07 그렇게 되기를 바래요.
08 믿을 수 없어요.
09 참 놀랍네요.
10 너무했네요.
11 그거 참 잘됐군요.
12 그거 참 안됐군요.

DIALOGUE ①

A: How are you?

B: Not so well.
   I have a cold.

A: That's too bad.
   Take care of yourself.

A: 어떻게 지내니?
B: 별로 안 좋아.
   감기에 걸렸어.
A: 그거 참 안됐구나.
   몸조심해라.

FURTHER STUDY

- **That's fabulous.** 그거 멋진데.
- **I doubt it.** 의심스럽군요.
- **That's it.** 바로 그거야.
- **No way!** 당치도 않아요.
- **Sure.** 그렇지요.
- **So am I.** 저도 그래요.

DIALOGUE ②

A: He just got married last week.

B: Really?

A: That's true.
He got married to a very young girl.

B: No kidding!

A: 그가 지난주에 결혼했대.
B: 정말이야?
A: 사실이야.
   매우 어린 소녀와 결혼했어.
B: 설마, 농담마라.

 WORDS

- **agree**[əgríː] 동의하다
- **right**[rait] 맞은, 오른쪽
- **hear**[hiər] 듣다
- **last week** 지난주에
- **think**[θiŋk] 생각하다
- **believe**[bilíːv] 믿다
- **marry**[mǽri] 결혼하다

Track 10

Unit 10

How can I contact you?

당신에게 어떻게 연락할 수 있죠?

모르는 사람과 만났을 때 다음의 만남을 위하여 연락처를 알아두는 일은 매우 중요하다. 상당한 기간이 흐른 후에 갑자기 긴요한 연락이 필요할 때, 연락처를 모른다면 매우 난처한 처지가 될 것이다.

USEFUL EXPRESSIONS

01 How can I reach you?

02 How can I get in touch with you?

03 Do you have his phone number?

04 Is there any way I can contact her?

05 I'm afraid I don't know.

06 You can try his office.

07 Would you repeat that number?

08 It's urgent.

09 Let's keep in touch.

10 Did you call his office?

---

01 어떻게 당신과 연락할 수 있습니까?
02 어떻게 당신과 연락할 수 있죠?
03 그의 전화번호 알고 있어요?
04 내가 그녀와 연락할 수 있는 어떤 방법이 있습니까?
05 잘 모르겠는데요.
06 그의 사무실로 알아볼 수 있습니다.
07 그 번호를 다시 한 번 말씀해 주시겠어요?
08 급한 일입니다.
09 계속 연락합시다.
10 그의 사무실에 연락해 봤어요?

DIALOGUE ①

A: How can I contact you?
B: Please call 456-1234.
A: Is this your office number?
B: Yes, it is.
   You can reach me at 121-2345 after 7.

A: 당신에게 어떻게 연락할 수 있죠?
B: 456-1234번으로 전화하세요.
A: 이게 당신 사무실 전화번호예요?
B: 예, 그렇습니다.
   7시 이후에는 121-2345번으로 연락이 가능합니다.

· **Hold on a moment.** 끊지 말고 잠깐 기다리세요.
· **telephone book (directory)** 전화번호부
· **contact** 연락하다, 교신하다, 접촉하다
· **reach** 연락하다, 도착하다

DIALOGUE ②

A: Is there any way I can reach Tom?
B: Well, you can try his office.
A: Do you know its phone number?
B: Please ask it by calling 114.

A: 내가 탐에게 연락할 수 있는 방법이 있을까요?
B: 글쎄요. 그의 사무실로 해보시죠.
A: 그의 사무실 전화번호를 아세요?
B: 114로 전화해서 문의해 보시죠.

 WORDS

- vacation [veikéiʃən] 휴가
- make friends 친구를 사귀다
- interest [íntərist] 흥미, 관심
- have been there 그곳에 가본 적이 있다
- foreign country 외국
- fun [fʌn] 재미
- phone [foun] 전화

49

 Track 11

Unit 11

What do you do?
하시는 일이 뭐죠?

외국인과 이야기를 할 때 기본적으로 묻는 말은 상대방의 이름, 국적, 신분이나 직업 등이다. What do you do?나 What's your job?과 같은 직업에 관한 표현을 중심으로 이름이나 국적에 관한 표현들도 곁들여 알아보기로 하자.

USEFUL EXPRESSIONS

01 May I ask your name?

02 What's your name?

03 What's your first name?

04 How do you spell your name?

05 Where are you from?

06 Where do you come from?

07 What's your nationality?

08 What do you do for a living?

09 What do you work for?

10 What kind of job do you have?

11 What's your occupation?

12 What's your job?

13 What company are you working for?

01 성함이 어떻게 되시죠?
02 이름이 뭐지?
03 이름(성이 아니라)이 뭐죠?
04 이름의 철자가 어떻게 되죠?
05 어디 출신이시죠?
06 어디 출신이시죠?
07 국적이 어디십니까?
08 직업이 뭐죠?
09 직업이 뭐죠?
10 어떤 일을 하시죠?
11 직업이 뭐죠?
12 직업이 뭐죠?
13 어떤 회사에서 일하시죠?

A: May I have your name?
B: My name is Sun-hee Kim.
A: Where do you come from?
B: I come from Korea.
A: What's your occupation?
B: I'm a student.

A: 이름이 어떻게 되죠?
B: 김선희입니다.
A: 어디 출신이시죠?
B: 한국 출신입니다.
A: 직업은 뭡니까?
B: 학생입니다.

FURTHER STUDY

상대방의 이름을 물을 때, **What's your name?**보다는 **May I have(ask) your name?**이 공손한 표현이다. 이름(first name)이 성(last name, family name, surname)보다 앞에 쓰이는 것이 우리와 다르다. **What do you do?**는 '직업이 뭐냐?'는 뜻이지만 **What are you doing now?**는 '지금 무슨 행동을 하고 있느냐?'는 뜻이다. 용법의 차이에 주의를 요한다.

DIALOGUE ②

A: What do you do, Mr. Kim?
B: I work for Inchon ST company.
A: What position do you hold?
B: I'm in charge of the sales department.

A: 미스터 김, 하시는 일이 뭡니까?
B: 인천 ST회사에 근무합니다.
A: 어떤 직책을 가지고 있죠?
B: 판매부를 책임지고 있습니다.

- **name** [neim] 이름
- **spell** [spel] ~을 철자하다
- **company** [kʌ́mpəni] 회사
- **position** [pəzíʃən] 위치, 지위
- **in charge of**   ~을 맡은
- **nationality** [næ̀ʃənǽləti] 국적
- **occupation** [ὰkjəpéiʃən] 직업, 일
  (calling 천직, profession 전문직업)
- **accountant** [əkáuntənt] 회계원

Track 12

Unit
12

How many are there in your family.

가족이 몇 명이죠?

처음 만난 사람들과 흔히 나누게 되는 이야기 중 하나는 가족에 관한 것이다. 한국 사람이 범하는 큰 실수 중의 하나는 가족이 5명이라는 표현을 'I have 5 families.'라고 표현하는 것이다. 주어진 문장의 뜻은 '나는 5가족을 거느린다.'는 엉뚱한 뜻이 된다.

📢 USEFUL EXPRESSIONS

01 How many are there in your family?

02 There are five (people) in my family.

03 Do you have a family?

04 I have two girls and a boy.

05 How many children do you have?

06 I have one son.

07 Do you have any brothers and sisters?

08 How many brothers and sisters do you have?

09 I have a brother but no sisters.

10 Do you live with your grandparents?

11 I'm the eldest(youngest).

12 I'm an only son(daughter).

---

01 가족이 몇 명입니까?
02 우리 가족은 다섯 명입니다.
03 자녀가 있습니까? (주로 배우자나 자녀의 유무를 물을 때)
04 딸 둘과 아들 하나가 있습니다.
05 자녀들은 몇 명이나 됩니까?
06 아들이 하나 있습니다.
07 형제자매가 있습니까?
08 형제자매는 몇 명입니까?
09 형제가 한 명 있고 자매는 없습니다.
10 당신은 조부모와 함께 삽니까?
11 저는 맏이(막내)입니다.
12 저는 외아들(외동딸)입니다.

DIALOGUE ①

A: How many (people) are there in your family?
B: There are four in my family: parents, one elder brother and me.
A: What does your father do?
B: He is an English teacher.

A: 너의 식구가 몇 명이니?
B: 네 식구야.
　　부모님, 형, 그리고 나야.
A: 아버지는 뭐하시니?
B: 영어 선생님이야.

FURTHER STUDY

- **My brother is three years younger than I am.**
  남동생은 저보다 세 살 어립니다.
- **How large is your family?** 가족은 몇 명이나 되죠?
- **My elder brother is married.** 제 형님은 결혼했어요.
- **I'm single.** 저는 미혼입니다.
- **I'm engaged.** 저는 약혼했어요.
- **Are you married or single?** 기혼이세요 아니면 미혼이세요?

DIALOGUE ②

A: Do you have any brothers and sisters?
B: I have one brother and two sisters.
A: Do you have grandparents?
B: Yes, I have.
   But they don't live with me.

A: 형제자매들이 있니?
B: 한 명의 형과 두 명의 자매가 있어.
A: 조부모는 계시니?
B: 응, 계셔.
   하지만 나와 함께 살지는 않으셔.

- **family** [fǽməli] 가족
- **sister** [sístər] 자매
- **daughter** [dɔ́:tər] 딸
- **eldest** [éldist] 가장 나이 많은
- **brother** [brʌ́ðər] 형제
- **son** [sʌn] 아들
- **grandparents** [grǽnipɛ̀ərənt] 조부모

 Track 13

Unit 13

Are you married?
결혼하셨나요?

매우 친하지 않은 사이에서는 서로의 사생활에 관한 질문을 하지 않는 것이 예의이다. 하지만 가까운 사이에서는 그러한 대화가 가능하다.

USEFUL EXPRESSIONS

01 Are you single?

02 Are you married or single?

03 Do you have any children?

04 What grades are they in?

05 He's in fifth grade.

06 Do you have any brothers and sisters.

07 How old are they?

08 Where are they now?

09 I'm not married.

10 When do you plan to get married?

11 How many children do you have?

12 None of your business.

---

01 독신이십니까?
02 결혼하셨나요 아니면 미혼이신가요?
03 자녀가 있으십니까?
04 그들은 몇 학년이죠?
05 그는 5학년입니다.
06 형제자매가 있습니까?
07 그들은 몇 살이죠?
08 그들은 지금 어디에 있죠?
09 전 결혼하지 않았습니다.
10 언제 결혼할 계획이시죠?
11 자녀는 몇 명이나 됩니까?
12 참견 마세요.

DIALOGUE ①

A: Are you married?

B: No, I'm single.
How about you?

A: I'm married.

B: Do you have any children?

A: Yes, I have two boys.

A: 결혼하셨나요?
B: 아니요, 미혼입니다.
당신은 어떤가요?
A: 전 결혼했어요.
B: 자녀가 있습니까?
A: 예, 아들이 둘 있습니다.

- **She's in kindergarten.** 그녀는 유치원에 다닙니다.
- **What are their names?** 그들의 이름은 뭐죠?
- **Is Kevin in middle school?** 케빈은 중학교에 다니나요?

DIALOGUE ②

A: Are you single?

B: Yes, I am.

A: Do you have any brothers and sisters?

B: No, I'm an only child.

A: When do you plan to get married?

B: I don't know.

A: 미혼인가요?
B: 예, 그래요.
A: 형제자매는 있나요?
B: 아니오, 저는 독자예요.
A: 언제 결혼할 계획입니까?
B: 모르겠어요.

 WORDS

- marry [mǽri] 결혼하다
- single [síŋgəl] 혼자의
- be engaged to ~ ~와 약혼하다
- only child 독자
- married [mǽrid] 결혼한
- engaged [engéidʒd] 약혼한
- plan to ~ ~할 계획이다

 Track 14

Unit 14

What's your hobby?
취미가 뭐죠?

외국인을 처음 만나서 나이나 결혼 여부 등의 개인적인 질문을 하는 사람들이 있다. 이것은 너무 예의 없는 태도이다. 아주 친한 사이가 아니라면 그런 질문은 상대방을 난처하게 만든다. 취미를 화제로 하는 것은 상대방을 이해하는 데도 도움이 되고 서로의 공통점을 발견할 수도 있는 좋은 기회가 될 것이다.

📢 USEFUL EXPRESSIONS

01 What are your hobbies?

02 My hobbies are reading and listening to music.

03 How do you spend your free time?

04 Do you collect anything?

05 What are you interested in?

06 May I see it?

07 Do you belong to a club?

08 I'm a member of a health club.

09 What kind of movie do you like best?

10 I'm a movie buff.

11 Who's your favorite movie star?

---

01 취미가 뭐죠?
02 내 취미는 독서와 음악 감상입니다.
03 여가시간을 어떻게 보내십니까?
04 뭔가를 수집하십니까?
05 뭐에 관심이 있으시죠?
06 제가 봐도 되겠습니까?
07 클럽에 속해 있습니까?
08 나는 헬스클럽 회원입니다.
09 어떤 영화를 가장 좋아하십니까?
10 나는 영화광입니다.
11 제일 좋아하는 영화배우는 누구죠?

DIALOGUE ①

A: What's your hobby?
B: I like sports very much.
A: What kind of sports do you like best?
B: I like soccer best.

A: 취미가 뭐죠?
B: 운동을 매우 좋아합니다.
A: 어떤 운동을 가장 좋아하시죠?
B: 축구를 제일 좋아합니다.

- **I have an eye for beauty.** 나는 심미안을 가지고 있습니다.
- **I'm crazy about jazz.** 나는 재즈를 매우 좋아합니다.
- **I'm a fan of Heung-min, Son.** 나는 손흥민 선수의 팬입니다.
- **What's your favorite color?** 가장 좋아하는 색이 뭐죠?

DIALOGUE ②

A: What do you do in your free time?
B: I often listen to music.
A: What kind of music do you like?
B: I like classical music.
   Do you like music, too?
A: Yes, I like rock very much.

A: 여가시간에 뭘 하시죠?
B: 종종 음악을 들어요.
A: 무슨 음악을 좋아하시죠?
B: 고전 음악을 좋아해요.
   당신도 음악을 좋아하나요?
A: 예, 록음악을 매우 좋아합니다.

- hobby [hɑbi] 취미
- listening to music 음악감상
- favorite [féivərit] 마음에 드는, 좋아하는
- be interested in ~에 관심이 있다, ~에 흥미가 있다
- belong to ~에 속하다, ~의 것이다
- reading [ríːdiŋ] 독서
- spend [spend] 보내다, 소비하다

 Track 15

Unit 15

Do you have the time?

몇 시입니까?

시간을 문의할 때는 상대방에게 불쑥 물어볼 것이 아니라 '실례합니다 (Excuse me)'란 말을 한 후에 문의하는 것이 예의 바른 태도다. Do you have time?은 '시간이 있습니까?' 라는 뜻이므로 주의를 요한다.

USEFUL EXPRESSIONS

01 What time is it?

02 What's the time?

03 Do you know the time?

04 What time do you have?

05 Could you tell me what time it is?

06 It's 5 past 7.

07 It's seven ten.

08 It's five to eight.

09 My watch is five minutes fast(slow).

10 What day is it today?

11 What is the date?

12 What month is it?

01 몇 시입니까?
02 몇 시죠?
03 몇 시죠?
04 몇 시예요?
05 몇 시인지 말씀해 주시겠어요?
06 7시 5분입니다.
07 7시 10분입니다.
08 8시 5분 전입니다.
09 내 시계는 5분 빠릅니다(느립니다).
10 오늘 무슨 요일이지요?
11 며칠입니까?
12 몇 월이죠?

DIALOGUE ①

A: What time is it, Tom?
B: It's 5:30.
A: Today is Friday, isn't it?
B: You're right.

A: 탐, 몇 시지?
B: 5시 30분이야.
A: 오늘 금요일 맞지?
B: 맞아.

- **April twenty-sixth** 4월 26일
- **nineteen ninety- eight** 1998년
- **the nineteen hundreds** 1900년대
- **The mid-1950s** 1950년대 중반
- **at 4 p.m.** 오후 4시에
- **the day after tomorrow** 모레
- **in March** 3월에
- **Tuesday** 화요일
- **Thursday** 목요일
- **Saturday** 토요일
- **the fifteenth of June** 6월 15일
- **the nineties** 90년대
- **the twentieth century** 20세기
- **thirty-odd years ago** 30여년 전에
- **8:10 a.m.** 오전 8시 10분
- **on April 4** 4월 4일에
- **Monday** 월요일
- **Wednesday** 수요일
- **Friday** 금요일
- **Sunday** 일요일

DIALOGUE ②

A: What's the date, today?
B: It's March 3.
A: Tomorrow is my mother's birthday.
B: Is that so?

A: 오늘 며칠이지?
B: 3월 3일이야.
A: 내일이 우리 어머니 생신날이야.
B: 그래?

 **WORDS**

- what [hwɑt] 무엇
- past [pæst] ~이 지난
- slow [slou] 느린
- month [mʌnθ] 달
- time [taim] 시간
- fast [fæst] 빠른
- today [tudéi] 오늘
- right [rait] 옳은, 맞은

 Track 16

Unit 16

It's cloudy, today.
오늘 날씨가 흐리다.

날씨에 관한 대화는 외국인과의 대화 소재로 매우 좋다. 서로 상대방 나라의 기후나 날씨에 대하여 관심이 많을 것이므로 흥미로운 대화가 될 것이다. 더불어 상대방 나라에 대한 유익한 정보도 얻게 될 것이다.

USEFUL EXPRESSIONS

01 How's the weather today?

02 It is fine.

03 What's the forecast for today?

04 What is the long-term forecast?

05 It's windy.

06 It's raining.

07 It's hot.

08 It's humid.

09 It's chilly.

10 It's cold.

11 It looks like snow.

12 It's snowing.

01 오늘 날씨가 어떻습니까?
02 날씨가 화창합니다.
03 오늘의 일기예보에서는 뭐라고 합니까?
04 장기예보는 어떻습니까?
05 바람이 붑니다.
06 비가 내립니다.
07 덥습니다.
08 날이 습합니다.
09 날씨가 쌀쌀합니다.
10 날씨가 춥습니다.
11 눈이 올 것 같습니다.
12 눈이 내리고 있습니다.

DIALOGUE ①

A: How's the weather today?
B: It's cloudy.
   It's going to rain.
A: What's the forecast for today?
B: It says it's going to rain in the afternoon.

A: 오늘 날씨가 어떻습니까?
B: 흐립니다.
   비가 올 것 같습니다.
A: 오늘의 일기예보는 어때요?
B: 오후에 비가 올거라고 하대요.

FURTHER STUDY

- **We had a lot of snow.** 눈이 많이 내렸다.
- **It's raining cats and dogs.** 비가 억수같이 오고 있어요.
- **I caught in a shower.** 나는 소나기를 만났습니다.
- **It's below zero.** 기온이 영하입니다.
- **It's 17 degrees Celsius(centigrade).** 섭씨 17도입니다.
- **It's 30 degrees Fahrenheit.** 화씨 30도입니다.
- **temperature** 온도, 기온

DIALOGUE ②

A: It's snowing.
B: Wow, this is the first snow.
A: How about taking a walk?
B: Great.
A: The scenery is very nice.

A: 눈이 내려요.
B: 와, 이게 첫눈이다.
A: 산책하는 게 어때?
B: 좋지.
A: 경치가 너무 멋지다.

- weather [wéðər] 날씨
- cloudy [kláudi] 흐린
- rain [rein] 비, 비가 오다
- humid [hjú:mid] 습기 찬
- snow [snou] 눈
- be going to ~ ~할 것이다
- forecast [fɔ́:rkæst] 예상, 일기예보
- windy [windi] 바람이 부는
- hot [hɑt] 더운
- chilly [tʃíli] 쌀쌀한
- look like ~처럼 보이다
- go on a picnic 소풍가다

Track 17

Unit 17

Congratulations on your promotion!

승진을 축하드립니다!

생일, 새해, 축제일, 성공 등을 축하할 때 사용하는 표현이다. Congratulations 뒤에 on을 써서 다양한 축하의 내용을 표현할 수 있다. 건배나 축배를 드는 경우에는 cheers나 toast 등을 주로 사용한다.

USEFUL EXPRESSIONS

01 Congratulations!

02 Congratulations on your graduation.

03 Congratulations on your new baby.

04 Happy New Year!

05 Merry Christmas!

06 Happy birthday.

07 Cheers!

08 Bravo!

09 Toast!

10 To our health!

11 Congratulations, I heard you pass the examination!

01 축하합니다!
02 당신의 졸업을 축하드립니다.
03 아기의 탄생을 축하드립니다.
04 새해 복 많이 받으세요.
05 메리 크리스마스.
06 생일을 축하합니다.
07 건배!
08 건배!
09 건배!
10 우리의 건강을 위하여!
11 축하해요! 시험에 합격했다면서요.

DIALOGUE ①

A: Happy birthday to you!
This is my present for you.

B: Thank you so much.
What is it?

A: It's a fountain pen.

B: Wonderful.

A: 생일 축하해!
이건 내 선물이야.
B: 고마워.
그게 뭐야?
A: 만년필이야.
B: 멋지다.

- **Many happy returns of the day!** 만수무강하십시오!
- **Congratulations on your wedding.** 결혼을 축하합니다.
- **drink** (보통) 술을 뜻함
- **soft drink** 음료수

DIALOGUE ②

A: Congratulations on your promotion!
B: Thank you.
A: Let's go for a drink.
B: That sounds great.
A: Cheers!

A: 승진을 축하해!
B: 고마워.
A: 한 잔 하러 가자.
B: 좋지.
A: 건배!

· congratulation [kəngrætʃəléiʃən] 축하
· promotion [prəmóuʃən] 승진
· present [prézənt] 선물
· graduation [grædʒuéiʃən] 졸업
· examination [igzæmənéiʃən] 시험
· fountain pen [fáuntán pen] 만년필

🎧 Track 18

Unit 18

I'd like to invite you to my house.

당신을 저희 집으로 초대하고 싶습니다.

상대방을 집으로 초대할 때나 밖에서 만나려고 할 때는 모임의 목적과 시간 등을 미리 알려주고 시간이 있는지를 확인하는 것이 좋다. 모임의 성격에 따라 오는 사람들은 복장이나 선물 등을 준비하는 데 도움이 된다.

📣 USEFUL EXPRESSIONS

01 I'd like to invite you to my home.

02 Sure. I'll be glad to come.

03 Can you come to dinner at our house tomorrow night?

04 I'm sorry I can't come.

05 I'm sure I can come.

06 I'm afraid I'll be busy.

07 Thank you for inviting me.

08 Am I expected to dress up?

09 It's a housewarming party.

10 It's an informal gathering.

11 It's a birthday party.

01 당신을 저희 집으로 초대하고 싶습니다.
02 그럼요. 기꺼이 찾아 뵙겠습니다.
03 내일 밤 우리 집에 식사하러 오실 수 있겠어요?
04 미안합니다만 갈 수가 없습니다.
05 갈 수 있습니다.
06 바쁠 것 같은데요.
07 초대해 주셔서 감사합니다.
08 정장하고 가야 할까요?
09 집들이입니다.
10 비공식 모임입니다.
11 생일파티입니다.

DIALOGUE ①

A: I'm having a housewarming party on Saturday. Would you like to come?

B: Sure. I can come.

A: Terrific.
Could you come at 7 o'clock?

B: Yes, I'm looking forward to it.

A: 토요일 날 집들이하려고 해요.
오시겠어요?
B: 그럼요. 갈 수 있어요.
A: 좋아요.
7시에 오실 수 있겠어요?
B: 예, 고대하고 있겠어요.

- **housewarming party** 집들이
- **informal** 비공식적인
- **gathering** 모임, 회합
- **previous** 이전의
- **look forward to ~ing** ~을 즐거운 마음으로 기다리다

DIALOGUE ②

A: I'd like to invite you to my home for dinner.
B: Thank you.
A: Are you free this Saturday night?
B: I'm sorry, but I have a previous appointment on Saturday night.

A: 저희 집에 저녁 식사를 초대하고 싶어요.
B: 고맙습니다.
A: 이번 토요일 날 밤에 시간 있어요?
B: 미안합니다만 토요일 밤에는 선약이 있습니다.

- invite [inváit] 초대하다
- forward [fɔ́:rwərd] 앞으로
- would like to + 동사원형 ~하고 싶다
- dress up 차려입다, 정장하다
- appointment [əpɔ́intmənt] 지정, 임명, 약속

 Track 19

Unit 19

Please come in.
어서 들어오세요.

미국에서 상대방의 집을 방문할 때는 집 앞에 있는 번지로 집을 찾는다. 주소만 가지고도 집을 쉽게 찾을 수 있을 정도로 거리나 집의 번지를 잘 표시해 놓았다. 주소와 전화번호를 준비하면 집을 찾는 데 큰 어려움이 없을 것이다.

USEFUL EXPRESSIONS

01 Thank you for inviting us.

02 Welcome to my house.

03 Make yourself at home.

04 You have a very nice home.

05 Did you have any trouble finding our house?

06 It's my pleasure to have you.

07 Please leave your shoes here.

08 May I take your coat?

09 Won't you come into the parlour?

10 Shall I show you around my house?

01 우리를 초대해 주셔서 감사합니다.
02 저희 집에 오신 것을 환영합니다.
03 마음 편히 하세요.
04 집이 참 멋지군요.
05 우리 집 찾는데 어려움이 없으셨나요?
06 당신을 모시게 되어 기쁩니다.
07 여기에 구두를 놓아주세요.
08 코트를 받아드릴까요?
09 응접실로 들어오시지요.
10 저희 집 구경을 시켜드릴까요?

DIALOGUE ①

A: Welcome to my house.
I'm glad you could come.
B: Thank you for inviting me.
A: Have a seat, please.
Make yourself comfortable.

A: 저희 집에 오신 것을 환영합니다.
와주셔서 기쁩니다.
B: 초대해 주셔서 고맙습니다.
A: 앉으시죠.
마음 편히 하십시오.

- **Make yourself at home.** 마음 편히 하세요.
- **This way, please.** 이쪽으로 오세요.
- **How about something to drink?** 마실 것 좀 드릴까요?
- **I have to go now.** 이제 가봐야만 됩니다.
- **Please follow me.** 절 따라오세요.
- **Can I get you something to drink?** 마실 것 좀 갖다 드릴까요?

DIALOGUE ②

A: Come on in, please.
Won't you come into the parlor?

B: Thank you.

A: You're welcome.
It's my pleasure to have you.
Shall I show you around my house?

A: 어서 들어오세요.
응접실로 들어오시겠어요?
B: 고맙습니다.
A: 천만에요.
당신을 모시게 되어서 기쁩니다.
집 구경을 시켜 드릴까요?

- nvite [inváit] 초대하다
- rouble [trʌ́bəl] 어려움, 고충
- shoes [ʃu:z] 구두
- parlor(parlour) [pɑ:rlər] 응접실
- welcome [wélkəm] 환영하다
- pleasure [pléʒər] 기쁨
- around [əráund] 주위에
- comfortable [kʌ́mfərtəbl] 편안한

 Track 20

Unit 20

Please help yourself.
마음껏 드세요.

우리의 전통적인 식습관과 달리, 서양 사람들은 즐겁게 대화하며 식사를 한다. 먹고 싶은 음식이 멀리 떨어져 있을 때는 팔을 뻗지 말고 가까이 있는 사람에게 그릇을 건네줄 것을 부탁한다. 음식을 먹을 때나 그릇을 다룰 때는 소리내지 않도록 주의를 하는 게 좋다.

USEFUL EXPRESSIONS

01 What would you like to eat?

02 Please pass me the salt.

03 This is delicious.

04 It smells good.

05 It looks delicious.

06 May I have some more water?

07 What would you like to drink?

08 A glass of milk, please.

09 How about a glass of wine?

10 You must come again.

11 No, thank you. I'm full.

12 I hope you like steak.

01 뭘 드시겠습니까?
02 소금 좀 건네주세요.
03 이거 맛있군요.
04 그거 냄새가 좋군요.
05 그거 맛있게 보이네요.
06 물 좀 더 주시겠어요?
07 뭘 마시겠어요?
08 우유 한 잔 주세요.
09 포도주 한 잔 어때요?
10 또 오세요.
11 아닙니다. 배가 부릅니다.
12 스테이크가 마음에 드시기를 바랍니다.

DIALOGUE ①

A: What kind of cereal would you like?

B: Oatmeal, please.

A: How about you, Tom?

C: Corn flakes, please.

B: Who wants some toast?

A: I do.

A: 어떤 시리얼(곡물)을 원하시죠?
B: 오트밀로 주세요.
A: 탐, 너는 뭘 원하지?
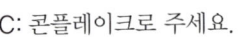
C: 콘플레이크로 주세요.

B: 토스트는 누가 원해요?
A: 저요.

 FURTHER STUDY

- **cereal** [síəriəl] 곡물식, 오트밀이나 콘플레이크 등
- **May I have another glass of beer?** 맥주 한 잔 더 주시겠어요?
- **plate** [pleit] 접시
- **bowl** [boul] 주발, 공기
- **napkin** [nǽpkin] 냅킨

DIALOGUE ②

A: Dinner is ready.
   Shall we start?
B: Steak smells good.
A: Please help yourself.
B: Thank you.
   Would you pass me the salt?

A: 정찬이 준비됐어요.
   식사 시작할까요?
B: 스테이크 냄새가 좋으네요.
A: 마음껏 드세요.
B: 고맙습니다.
   소금 좀 건네주시겠어요?

 WORDS

- help oneself 마음껏 들다
- pass [pæs] 건네다
- delicious [dilíʃəs] 맛있는
- help oneself to~ ~을 마음껏 들다
- salt [sɔːlt] 소금
- smell [smel] 냄새, 냄새가 나다
- dinner [dínər] 정찬. 낮 또는 저녁에 드는 하루 중의 주요한 식사로 보통 저녁식사.

 Track 21

Unit 21

Would you like a cup of coffee?

커피 한 잔 드시겠어요?

손님을 맞이할 때 차나 다과를 대접하는 일은 매우 일반적인 것이다. 따라서 그와 관련된 표현을 익히는 것은 필수적이라 하겠다.
한 가지 유념할 점은 외국인들은 우리와 달리 커피를 매우 묽게, 양은 다소 많이 먹는다는 것이다.

📢 USEFUL EXPRESSIONS

01 Would you care for a cup of coffee?

02 Do you want coffee?

03 Shall I make some coffee?

04 Do you take sugar or cream in your coffee?

05 Do you want some sugar?

06 One and a half teaspoon, please.

07 Would you like something to drink?

08 No, thank you.

09 Would you like some more?

10 Would you like some cookies?

11 That's enough for me.

01 커피 한 잔 드시겠어요?
02 커피 마실래요?
03 커피 좀 타 줄까요?
04 커피에 설탕이나 크림을 넣으세요?
05 설탕을 좀 넣을까요?
06 한 숟가락 반 넣어주세요.
07 마실 것 좀 드시겠어요?
08 아니요, 괜찮습니다.
09 좀 더 드시겠어요?
10 과자 좀 드시겠어요?
11 저는 그만하면 됐어요.

DIALOGUE ①

A: Would you like a cup of coffee?
B: Yes, thank you.
A: Do you take sugar or cream in your coffee?
B: One spoonful of sugar without cream, please.

A: 커피 한 잔 드시겠어요?
B: 예, 고맙습니다.
A: 커피에 설탕이나 크림을 넣으세요?
B: 크림은 필요 없고 설탕 한 숟가락만 넣어 주세요.

- **Will you have another glass?** 한 잔 더 드시겠어요?
- **Would you like something else?** 다른 걸 드시겠어요?
- **I'm full, thank you.** 배가 부릅니다.
- **That's enough.** 그만하면 됐어요.(더 이상 안 먹겠다는 뜻)

DIALOGUE ②

A: Shall I make some coffee?
B: Yes, please.
A: And how about some cookies?
B: Sounds great.
   Thanks a lot.

A: 커피 좀 타 줄까?
B: 그래.
A: 그리고 과자도 좀 줄까?
B: 좋지.
   정말 고마워.

- **sugar** [ʃúgər] 설탕
- **one and a half** 하나 반
- **enough** [inʌ́f] 충분한
- **cream** [kriːm] 크림
- **cookie** [kúki] 쿠키(과자, 비스킷)
- **spoonful** [spúːnfùl] 한 숟가락 가득(한 분량)

Track 22

Unit 22

Have you ever tried Korean food?

한국 음식 드셔본 적 있으세요?

낯선 외국 음식을 먹어보는 것도 흥미있는 일이지만 우리나라 음식을 외국인에게 소개하는 것도 여러 가지 측면에서는 의미있는 일이 될 것이다.

USEFUL EXPRESSIONS

01 Have you ever tried Korean dishes?

02 How about having some typical Korean food?

03 Bulgogi is one of the typical Korean dishes.

04 What have you tried?

05 How did you like it?

06 We Koreans like to eat fruit for dessert.

07 He is very fond of Korean food.

08 They serve excellent Korean food.

09 It smells good.

---

01 한국요리를 먹어본 적이 있나요?
02 전형적인 한국음식을 먹어보는 게 어때요?
03 불고기는 전형적인 한국요리 중 하나입니다.
04 뭘 먹어보셨나요?
05 맛이 어떠했습니까?
06 우리 한국인들은 후식으로 과일 먹는 걸 좋아합니다.
07 그는 한국음식을 매우 좋아합니다.
08 그곳의 한국음식은 맛이 뛰어납니다.
09 냄새가 좋군요.

DIALOGUE ①

A: Have you ever tried Korean food?

B: Yes, I have.

A: What have you tired?

B: I've had bulgogi.

A: How did you like it?

B: I enjoyed it very much.

A: 한국요리를 먹어본 적 있어요?
B: 예, 먹어봤어요.
A: 뭘 먹어봤죠?
B: 불고기를 먹어봤어요.
A: 맛이 어떠했나요?
B: 아주 맛있었어요.

FURTHER STUDY

- '맛있습니까?' 는 '**Is it delicious?**' 보다는 '**How does it taste?**'나 '**Do you like it?**'으로 하는 게 좋다.
- **delicious**는 맛이 기가 막힐 때 쓰는 표현이다. **terrific**이나 **great**도 맛이 뛰어날 때 쓰는 표현이다. 괜찮은 정도면 **good**이나 **very good**을 쓴다.

DIALOGUE ②

A: How about having some typical Korean food?
B: That sounds good.
   What kind of food do you suggest?
A: How about going to a jeongol restaurant?
B: I'm really excited.
   I've heard so much about the food.

A: 전형적인 한국음식을 먹는 게 어때요?
B: 그것 좋군요.
   어떤 음식을 먹자는 거죠?
A: 전골 음식점으로 가는 게 어때요?
B: 정말 흥분이 되네요.
   그 음식에 대해서는 많이 들은 적이 있거든요.

- **dish** [diʃ] 접시, 요리
- **taste** [teist] 맛, 맛보다, 맛을 느끼다
- **excellent** [éksələnt] 뛰어난
- **suggest** [səgdʒést] 제안하다
- **try** [trai] 시도하다, 노력하다
- **typical** [típikəl] 전형적인
- **delicious** [dilíʃəs] 맛있는
- **smell** [smel] 냄새가 나다
- **be fond of** ~을 좋아하다

 Track 23

Unit

23

This coffee is on me.

이 커피는 제가 사겠어요.

우리는 어느 한 사람이 식사 값을 내려고 애를 쓰지만 외국인들은 식사 값을 각자 지불하는 것이 관례이다. 음식점에서 열리는 생일파티에 초대해 놓고도 음식값을 각자 내게 하는 경우도 흔히 볼 수 있다.

USEFUL EXPRESSIONS

01 Would you like a cup of coffee?

02 Would you like to have dinner with me?

03 Are you buying lunch today?

04 Let's go dutch.

05 Dinner is on me.

06 It's on me.

07 Drinks are on me.

08 Next time I'll treat.

09 Let me treat you this time.

10 Do you have enough change?

11 Don't worry about it.

01 커피 한 잔 하시겠어요?
02 나와 함께 저녁 식사하시겠어요?
03 오늘은 당신이 점심 사는건가요?
04 각자 냅시다.
05 저녁은 내가 사지요.
06 제가 살게요.
07 술은 제가 사죠.
08 다음엔 내가 살게요.
09 이번엔 내가 살게요.
10 잔돈 충분히 있어요?
11 그건 걱정 마세요.

DIALOGUE ①

A: Would you like a cup of coffee?

B: Yes. But I don't have enough change.

A: Never mind.
Let me treat you this time.

B: Thank you.
Next time I'll treat.

A: 커피 한 잔 하시겠어요?
B: 예, 하지만 잔돈이 충분히 없네요.
A: 염려마세요.
　이번엔 제가 살 겁니다.
B: 고마워요.
　다음엔 제가 사죠.

FURTHER STUDY

- **Let's go dutch** 각자 부담합시다. 'dutch pay'라는 말은 바른 영어표현이 아님.
- **on** ~의 부담으로의 뜻으로 쓰임.
- **bill** 계산서, check라고도 함.
- **How much do I owe you?** 얼마죠?

DIALOGUE ②

A: May I have the bill?

B: How much is it?

A: Don't worry about it.
This drink is on me.

B: Thank you.

A: 계산서 좀 주시겠어요?
B: 얼마죠?
A: 그건 걱정 마세요.
　이 술은 제가 살 겁니다.
B: 고맙습니다.

WORDS

· **mind** [maind] 염려하다
· **next** [nekst] 다음의
· **treat** [triːt] 한턱내다, 대접하다
· **worry** [wə́ːri] 걱정하다
· **enough** [inʌ́f] 충분한
· **change** [tʃeindʒ] 잔돈, 거스름돈

 Track 24

Unit 24

How was your weekend?

주말을 어떻게 보냈어요?

주말엔 대개 일상적인 일로부터 벗어나 휴식을 취하는 시간을 갖는다. 따라서 주말을 화제로 한 대화는 매우 흥미로울 것이다. '놀았다'는 표현은 'to play with'를 쓰지 않고, 'to meet'나 'to go out with'를 쓰는 것에 주의해야 한다.

I played with my friends. (×)
I met (went out with) my friends. (○)

USEFUL EXPRESSIONS

01 What did you do last weekend?

02 I went to a museum.

03 I watched a football game.

04 I ate at a Japanese restaurant.

05 What did you do there?

06 How did you get there?

07 I went by bus.

08 I drove.

09 Where did you go?

10 I went to Seoul.

11 I fell asleep watching TV.

12 I went camping with some friends.

13 That sounds interesting.

01 지난 주말에 뭐했어요?
02 박물관에 갔어요.
03 축구경기를 보았어요.
04 일식집에서 식사를 했어요.
05 거기서 무엇을 했어요?
06 그곳엔 어떻게 갔어요?
07 버스를 타고 갔어요.
08 내가 차를 몰았어요.
09 어디엘 갔어요?
10 서울에 갔어요.
11 TV를 보다가 잠이 들었어요.
12 몇몇 친구들과 캠핑을 갔어요.
13 재미있겠는데요.

DIALOGUE ①

A: How was your weekend?

B: Great. I went camping with some friends.

A: That sounds interesting.

B: How about you?

A: I went skiing.

A: 지난 주말 어떻게 보냈니?
B: 좋았어. 친구들과 캠핑을 갔어.
A: 재미있었겠다.
B: 너는 어떻게 보냈니?
A: 스키 타러 갔었어.

- **She went shopping.** 그녀는 쇼핑하러 갔어.
- **He lost the key to the apartment.** 그는 아파트 열쇠를 잃어버렸어.
- **Do you think she went to a concert?** 그녀가 음악회에 갔다고 생각하니?
- **I had a good time.** 나는 즐거운 시간을 보냈어.

DIALOGUE ②

A: What did you do last weekend?
B: I stayed at home watching TV. How about you?
A: I went to Chicago and visited some old college friends.

A: 지난 주말에 뭐했니?
B: TV를 보면서 집에 있었어.
　 너는 뭐했니?
A: 나는 시카고에 가서 오래된 대학 때 친구들을 방문했어.

- **last weekend** 지난 주말
- **museum** [mjuːzíːəm] 박물관
- **stay** [stei] 머무르다
- **football** [fútbɔːl] 미식축구, 우리나라에서 하는 축구는 soccer라고 함.

 Track 25

Unit
25

What do you do in your free time?

여가 시간에 뭘 하시나요?

우리와는 달리 서양 사람들은 주말에는 생업으로부터 휴식을 취하는 경향이다. 따라서 그들이 여가를 보내는 방법도 다양하다.

📢 USEFUL EXPRESSIONS

01 What do you do for relaxation?

02 How do you spend your leisure time?

03 What do you do in your spare time?

04 I read or listen to music.

05 What kind of book do you like?

06 What kind of music do you like?

07 I have no time to relax.

08 I watch TV and sometimes I go to the movies.

09 I like to read at night.

10 I play tennis after school.

01 여가 시간에 뭘 하시나요?
02 여가 시간을 어떻게 보내세요?
03 여가 시간에 뭘 하시죠?
04 독서를 하거나 음악을 듣습니다.
05 어떤 종류의 책을 좋아하세요?
06 어떤 종류의 음악을 좋아하세요?
07 휴식할 시간이 없습니다.
08 TV를 보거나 때로는 영화를 보러 갑니다.
09 저는 밤에 책읽기를 좋아합니다.
10 저는 방과 후에 테니스를 칩니다.

DIALOGUE ①

A: What do you do in your free time?
B: I watch TV or listen to music.
A: What kind of music do you like?
B: I like pop songs very much.

A: 여가 시간에 뭘 하세요?
B: TV를 보거나 음악을 들어요.
A: 어떤 종류의 음악을 좋아하시죠?
B: 난 팝송을 매우 좋아합니다.

- **ralaxation** 휴식
- **leisure** 여가
- **spare** 여분의
- **free** 자유로운
- **serial** (신문, 잡지의) 연재물, (라디오, 텔레비전의) 연속물, 연속물인
- **a serial novel** 연재소설

DIALOGUE ②

A: How do you spend your leisure time?
B: I often watch TV.
A: What type of program do you like?
B: I like serial dramas.
   How about you?
A: I enjoy reading novels at night.

A: 여가 시간을 어떻게 보내시죠?
B: 난 자주 TV를 봅니다.
A: 어떤 프로그램을 좋아하시죠?
B: 난 연속극을 좋아해요.
   당신은 어떻게 보내세요?
A: 난 밤에 소설 읽는 것을 즐겨요.

 **WORDS**

- **free time** 여가 시간
- **type** [taip] 유형
- **drama** [drɑːmə] 연극
- **spend** [spend] (돈이나 시간을) 소비하다, 보내다
- **read** [riːd] 읽다, 독서하다
- **listen** [lísən] 듣다
- **often** [ɔ(ː)ftən] 종종

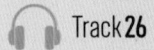 Track 26

Unit 26

When will it be free?

언제 시간이 나시겠어요?

만남의 약속을 할 때는 시간과 장소를 분명히 정해야 한다. 상대방의 편의를 배려해서 정하는 것이 바람직할 것이다. 상대방의 집에서 만날 경우 너무 일찍 가는 것도 실례이다. 약속시간 5~2, 3분 전쯤에 도착하는 것이 적당하다.

USEFUL **EXPRESSIONS**

01 When is the most convenient time for you?

02 What time would be best for you?

03 Would you like to have lunch with me?

04 Where do you want to meet?

05 Could I see you right now?

06 Drop in at your convenience.

07 Shall I come your way?

08 Any time in the evening will be fine.

09 How about noon?

10 Are you free this afternoon?

11 I'm afraid not.

12 Please call before you come.

13 I'll drive you home.

01 가장 편리한 시간이 언제입니까?
02 몇 시가 가장 좋겠습니까?
03 나와 함께 점심식사를 하시겠어요?
04 어디에서 만날까요?
05 지금 당장 당신을 만날 수 있을까요?
06 편리할 때 들르세요.
07 내가 그쪽으로 갈까요?
08 저녁이면 아무 때나 좋겠습니다.
09 정오가 어때요?
10 오늘 오후에 시간 있으세요?
11 없을 것 같습니다.
12 오기 전에 전화하세요.
13 댁에 차로 모셔다 드리겠습니다.

DIALOGUE ①

A: Would you like to have dinner with me tonight?
B: Fine. What time do you want to meet?
A: How about 7:30?
B: OK. Where shall we meet?
A: In front of Jong-ro Bookstore.

A: 오늘밤 나와 함께 저녁 식사 할래요?
B: 좋아요. 몇 시에 만나기를 원해요?
A: 7시 30분이 어때요?
B: 좋아요. 어디서 만날까요?
A: 종로서점 앞에서요.

- **convenience** 편리함
- **get together** 만나다, 모이다
- **make it** 잘 해내다
- **Let's make it another.** 다른 날로 정합시다

DIALOGUE ②

A: Shall we get together tomorrow?
B: Fine with me.
   What time?
A: When is the most convenient time for you?
B: Let's make it at 7.
A: OK. See you then.

A: 우리 내일 만날까요?
B: 전 좋아요.
   몇 시에요?
A: 가장 편리한 시간이 언제죠?
 B: 7시에 만납시다.
A: 좋아요. 그때 만나요.

- **tonight** [tənáit] 오늘밤
- **convenient** [kənvíːnjənt] 편리한
- **right now** 지금 당장
- **drop in** 잠깐 들르다

 Track 27

Unit 27

Did you have a nice vacation?

휴가 잘 보내셨어요?

휴가는 즐거운 대화의 소재이다. 언제, 어디를, 누구와 다녀왔는지 서로 이야기 해보자.

📢 USEFUL EXPRESSIONS

01 What did you do during the summer vacation?

02 When did you take your vacation?

03 How did you spend your vacation?

04 Where did you spend your vacation?

05 I took a trip to Europe.

06 I made a lot of good friends in foreign countries.

07 I took my vacation in early August.

08 The whole family went camping in Seorak mountain.

09 We set up a tent near a lake.

10 It was really a lot of fun.

11 How long did you stay?

12 We stayed for three days.

01 여름 휴가 동안 뭘 하셨나요?
02 언제 휴가를 가지셨나요?
03 어떻게 휴가를 보내셨나요?
04 어디에서 휴가를 보내셨나요?
05 나는 유럽 여행을 했습니다.
06 나는 외국에서 많은 좋은 친구들을 사귀었습니다.
07 8월 초에 휴가를 가졌습니다.
08 온 가족이 설악산에 캠핑하러 갔습니다.
09 우리는 호숫가에 텐트를 쳤습니다.
10 정말 재미있었습니다.
11 얼마나 오랫동안 머물렀습니까?
12 3일간 묵었습니다.

DIALOGUE ①

A: Did you have a nice vacation?

B: Yes. The whole family went camping in Seorak mountain.

A: That sounds good.
How long did you stay?

B: For three days.

A: 휴가 잘 보냈습니까?
B: 예, 온 가족이 설악산으로 캠핑을 하러 갔었습니다.
A: 좋았겠는데요.
　며칠이나 머물렀어요?
B: 3일간요.

FURTHER STUDY

- **take a trip to** ~로 여행하다
- **early August** 8월 초
- **set up a tent** 텐트를 치다
- **scenery** 경치
- **have been there** 그곳에 가본 적이 있다

DIALOGUE ②

A: How did you spend your vacation?

B: I took a trip to Canada with my friend.
Have you ever been there?

A: No. But I hear it's very beautiful.

B: You're right.
The scenery was really wonderful.

A: 여름 휴가 어떻게 보냈니?
B: 친구와 함께 캐나다 여행했어.
  넌 그곳에 가본 적 있니?
A: 아니. 하지만 그곳이 매우 아름답다고 들었어.
B: 네 말이 맞아.
  경치가 정말 감탄할 만 했어.

- **vacation** [veikéiʃən] 휴가
- **make friends** 친구를 사귀다
- **stay** [stei] 머무르다
- **foreign country** 외국
- **fun** [fʌn] 재미
- **wonderful** [wʌ́ndərfəl] 멋진, 훌륭한

 Track 28

Unit 28

I'm off tomorrow.
저는 내일 근무하지 않습니다.

직장에서 휴가나 질병 등의 이유로 근무를 쉬는 경우가 있다. 그럴 때 우리는 흔히 논다는 표현을 쓴다. 하지만 영어로 말할 때는 논다(play)는 표현을 하면 안된다.

USEFUL EXPRESSIONS

01 I'll take a day off next week.

02 Won't your boss mind?

03 I'm entitled to take a day off.

04 When are you off?

05 I'm off on Friday.

06 Are you working on weekends?

07 I have every weekend off.

08 Why don't you take a week off?

09 I feel like taking a day off.

10 I'm too busy right now.

11 We have three days off for vacation.

12 I'm on duty.

13 I'm off duty today.

14 Can I take tomorrow off?

01 다음 주에 하루 쉴 것이다.
02 너의 보스가 싫어하지 않을까?
03 나는 하루 쉴 자격이 있다.
04 언제 쉬는 날이니?
05 나는 금요일에 쉰다.
06 주말에도 일하니?
07 나는 주말마다 쉰다.
08 일주일 간 쉬지 그러세요.
09 나는 하루 쉬고 싶다.
10 지금 당장은 너무 바쁘다.
11 우리는 휴가로 3일 쉽니다.
12 나는 근무 중이다.
13 나는 오늘 비번이다(근무를 안 한다).
14 내가 내일 쉴 수 있을까요?

DIALOGUE ①

A: You look pale. Are you ill?
B: Yes, I have a bad cold.
A: That's too bad. You should take a day off.
B: I'm off tomorrow.

A: 안색이 창백해 보이네요.
　몸이 아프세요?
B: 예, 독감에 걸렸어요.
A: 안됐군요. 하루 쉬셔야 되겠어요.
B: 내일 근무를 쉽니다.

- **be entitled to** ~ 할 자격이 있다
- **pale** 창백한
- **hospital** 병원
- **night duty** 야간 근무
- **feel like ~ing** ~하고 싶다
- **traffic accident** 교통사고
- **day duty** 주간 근무

DIALOGUE ②

A: Can I take tomorrow off?

B: What's the matter?

A: My father had a traffic accident this morning.
So he's in the hospital now.

B: I'm sorry to hear that.
Why don't you go to the hospital right now?

A: Thank you very much.

A: 제가 내일 쉬어도 될까요?
B: 무슨 일이 있어요?
A: 아버지께서 오늘 아침에 교통사고를 당하셨습니다.
그래서 지금 병원에 계십니다.

B: 유감이군요.
지금 당장 병원으로 가보지 그러세요?
A: 대단히 감사합니다.

- off [ɔːf] 일, 근무를 쉬고
- boss [bɔ(ː)s] 우두머리, 사장
- I'm on duty. 나는 근무 중이다.
- I'm off duty. 나는 비번이다(근무를 안 한다).
- take two days off 2일간 쉬다
- matter [mǽtər] 문제
- feel like ~ing ~하고 싶다

Track 29

Unit 29

What do you do when you're stressed?

스트레스를 받으면 뭐 하세요?

바쁜 도시문명사회 속에서는 누구나 스트레스가 많다. 이를 적절하게 해소하는 방법은 개인의 취향에 따라 다양할 것이다.
여행을 한다든가, 평소 하고 싶었던 취미에 빠져본다든가, 수면을 취한다든가 등등...

📢 USEFUL **EXPRESSIONS**

01 I usually watch TV.

02 I go to a singing room.

03 I eat a lot of food.

04 I date with my girl friend.

05 I drink hard with my close friends.

06 When I take exams, I'm pretty stressed out.

07 When are you stressed out most?

08 When the traffic is terrible, I'm so stressed out.

---

01 나는 보통 TV를 본다.
02 나는 노래방에 간다.
03 나는 음식을 많이 먹는다.
04 난 여자 친구와 데이트를 한다.
05 친한 친구들과 술을 심하게 마신다.
06 시험을 볼 때면, 꽤 스트레스를 받는다.
07 너는 언제 스트레스를 가장 많이 받니?
08 교통사정이 안좋으면, 나는 스트레스를 많이 받는다.

DIALOGUE ①

A: What do you do when you're stressed out?
B: I usually go to a singing room with my friends, and sing at the top of my lungs.
A: I'm sure it's very helpful.
B: Of course.

A: 스트레스를 받으면 뭘 하세요?
B: 보통 친구들과 노래방에 가서 목청껏 노래를 하죠.
A: 매우 도움이 되겠네요.
B: 물론입니다.

- **singing room** 노래방
- **at the top of one's lungs** 목청껏
- **be stressed out** 스트레스를 받다
- **helpful** 도움이 되는

DIALOGUE ②

A: I usually go to the movies when I'm stressed out.
B: What kind of movie do you like?
A: I like action movies very much.
B: What else do you do?
A: Sometimes I play tennis.

A: 스트레스를 받으면 난 보통 영화를 보러 가요.
B: 어떤 영화를 좋아하시죠?
A: 액션 영화를 무척 좋아해요.
B: 그밖에 뭘 하시죠?
A: 때로는 테니스를 칩니다.

· **stress** [stres] 정신적 긴장, 억압
· **close** [klouz] 가까운, 친밀한
· **take an exam** 시험을 치다(보다)
· **food** [fuːd] 음식
· **exam** [igzǽm] 시험
· **movie** [múːvi] 영화

 Track 30

Unit 30

You look depressed.
너 우울해 보인다.

우울하거나 낙담했을 때는 대화가 매우 도움이 된다. 미국인들은 우울해지면 얼굴이 길어 보인다고 생각하거나 푸른색을 띤다고 여긴다.

📣 USEFUL EXPRESSIONS

01 You look down.

02 I'm depressed.

03 I'm disappointed with you.

04 How disappointing!

05 Why the long face!

06 I won't let you down.

07 What's your problem?

08 I'm worried about the exam.

09 Why do you look so worried?

10 I've got the blues.

11 Don't be sad.

12 Why so down?

13 I'm anxious about it.

01 넌 우울해 보인다.
02 난 우울해.
03 난 너에게 실망했어.
04 참 실망스럽군!
05 왜 침울한 거니?
06 내가 널 실망시키지 않을 거야.
07 무슨 문제 있니?
08 시험에 대해서 걱정하고 있어.
09 왜 걱정스런 표정이니?
10 난 우울해.
11 슬퍼하지 마라.
12 왜 그렇게 기분이 우울하니?
13 나는 그것에 대해 염려가 돼.

DIALOGUE ①

A: You look down.
   What's the matter with you?
B: I had my money stolen.
A: Really?
   Did you call the police?
B: Not yet.

A: 너 우울해 보인다.
   무슨 문제 있니?
B: 돈을 도난 당했어.
A: 정말?
   경찰한테 전화했니?
B: 아직 안했어.

FURTHER STUDY

- **down** 우울한, 아래로의
- **disappointed** 실망한, 낙담한
- **anxious** 걱정하는, 염려하는
- **be anxious about** ~에 대해 걱정하다
- **smart** 영리한, 똑똑한
- **depressed** 우울한
- **the blues** 우울
- **disappointment** 실망
- **exam** 시험

DIALOGUE ②

A: What a disappointment!
B: What's wrong?
A: I failed the exam.
B: Try again.
    You're smart and young.

A: 참으로 실망스럽군!
B: 무슨 일인데?
A: 시험에 떨어졌어.
B: 다시 시도해 봐.
    넌 영리하고 젊잖아.

- worry [wə́:ri] 걱정하다
- sad [sæd] 슬픈
- be worried about ~에 대해 걱정하다
- disappointing [dìsəpɔ́intiŋ] 실망시키는, 기대에 어긋나는

 Track 31

Unit 31

I had a bad day today.

난 오늘 재수가 없었다.

한국에서 숫자 4는 재수가 없다는 미신이 있듯이, 미국은 13일의 금요일이 재수가 없다는 미신이 있다. 각 나라의 미신에 얽힌 이야기는 흥미로운 대화가 될 것이다.

USEFUL EXPRESSIONS

01　Yesterday was Friday the 13th.

02　Many people believe that Friday 13th is a very unlucky day.

03　You look upset.

04　What happened?

05　I cut myself while I was shaving.

06　I got a flat tire driving over a bridge.

07　That's too bad.

08　I'm sorry to hear that.

09　That's terrible!

10　How awful!

11　I'm not usually superstitious.

---

01 어제가 13일의 금요일이었다.
02 많은 사람들은 13일의 금요일이 매우 운 나쁜 날이라고 믿는다.
03 너는 기분이 상해 보인다.
04 무슨 일이 일어났니?
05 나는 면도를 하다가 베었다.
06 다리 위를 달리는데 타이어가 펑크났다.
07 그거 참 안됐구나.
08 그 얘기를 들으니 유감이구나.
09 그거 끔찍하군!
10 대단히 끔찍하군!
11 나는 평소 미신을 믿지 않는다.

DIALOGUE ①

A: You look upset.

B: I had a bad day today.

A: Why? What happened?

B: I burned myself cooking dinner.

A: That's too bad.

A: 기분이 안 좋아 보인다.
B: 오늘 재수가 없었어.
A: 왜? 무슨 일이 있었니?
B: 저녁식사를 준비하다가 화상을 입었어.
A: 참 안됐구나.

- **Many people are superstitious about numbers.**
  많은 사람들은 숫자에 대해 미신적이다.
- **There are many kinds of superstitious.** 많은 종류의 미신들이 있다.
- **Black cats are unlucky.** 검은 고양이들은 재수가 없다.
- **It is unlucky to break a mirror.** 거울이 깨지면 재수가 없다.

DIALOGUE ②

A: John looks upset.

B: He had a bad day today.

A: What happened?

B: He cut himself while he was shaving.

A: I'm sorry to hear that.

A: 존이 기분 나빠 보이네.
B: 그는 오늘 운이 나빴어.
A: 무슨 일이 일어났는데?
B: 면도하다가 베었어.
A: 안됐구나.

 WORDS

- **a bad day** 재수 없는 날
- **shave** [ʃeiv] 면도하다
- **superstitious** [sù:pərstíʃəs] 미신적인
- **upset** [ʌpsét] 기분이 상한
- **flat tire** 펑크 난 타이어
- **bridge** [bridʒ] 다리

 Track 32

Unit 32

I love you.
당신을 사랑합니다.

세계화 시대에 발맞추어 국제결혼도 늘어만 간다. 사랑하는 사람과 의사소통이 원활하지 않다면 매우 답답할 것이다. 자유로운 의사소통은 그들의 행복을 증진시키는 데 매우 효과적이 될 것이다.

📢 USEFUL EXPRESSIONS

01 Please marry me.

02 I want you.

03 I need you.

04 I love you a lot.

05 I don't love you.

06 Love isn't everything.

07 You don't understand me.

08 Do you love another man?

09 I can give you everything.

10 What do you want?

11 She's engaged.

12 She doesn't want you.

01 나와 결혼해 주세요.
02 나는 당신을 원합니다.
03 나는 당신을 필요로 합니다.
04 나는 당신을 무척 사랑합니다.
05 나는 당신을 사랑하지 않습니다.
06 사랑이 전부가 아닙니다.
07 당신은 나를 이해하지 못합니다.
08 당신은 다른 남자를 사랑합니까?
09 나는 당신에게 모든 걸 줄 수 있습니다.
10 당신은 무얼 원하세요?
11 그녀는 약혼했습니다.
12 그녀는 당신을 원하지 않습니다.

DIALOGUE ①

A: Please marry me.
   I want you. I love you.
B: I'm sorry, but I can't.
A: Why not?
B: I like you, but I don't love you.

A: 나와 결혼해 주세요.
   나는 당신을 원해요. 나는 당신을 사랑해요.
B: 미안하지만 결혼은 못해요.
A: 왜 못하죠?
B: 당신을 좋아하지만, 사랑하지는 않아요.

FURTHER STUDY

· **She is married to a foreigner.** 그녀는 외국인과 결혼했다.
· **He is engaged to Jane.** 그는 제인과 약혼 중이다.
· **He is very much engaged.** 그는 분명히 약혼했다.(업무적 맥락: 그는 매우 바쁘다)
· **I don't want those things.** 나는 그러한 것들을 원하지 않아요.

DIALOGUE ②

A: I don't love you.
Love isn't everything.

B: You don't understand me.
For me love is everything.
I can give you everything.
What do you want?
Money? A big house?

A: 나는 당신을 사랑하지 않아요.
  사랑이 전부는 아니에요.
B: 당신은 날 이해하지 못해요.
  나에게는 사랑이 전부예요.
  난 당신에게 모든 것을 줄 수 있어요.
  뭘 원하시죠?
  돈? 커다란 집?

- **marry**[mǽri] 결혼하다
- **everything**[évriθiŋ] 모든 것
- **want**[wɔ(:)nt] 원하다
- **engaged**[engéidʒd] 바쁜, 약혼 중인
- **another**[ənʌ́ðər] 또 하나의, 다른
- **need**[niːd] 필요하다

 Track 33

Unit 33

You had better take my advice.

너는 내 충고를 받아들이는 게 좋겠다.

살다보면 충고를 부탁하거나 충고를 해주는 경우들이 있다. 충고에 관한 말은 대개 '~하는 편이 좋다'라는 완곡한 표현을 많이 쓴다. 명령하는 말은 상대방에게 거부감을 주기 쉽기 때문이다.

USEFUL EXPRESSIONS

01 You had better stop smoking.

02 You should help your father.

03 Can I offer you advice?

04 You ought to take a walk.

05 I advise you to start early.

06 I suggest you take public transportation.

07 Study hard, or you'll fail in the examination.

08 Maybe you should go on a diet.

01 당신은 담배를 끊는 편이 좋겠습니다.
02 당신은 아버지를 도와야만 합니다.
03 내가 충고를 해도 될까요?
04 당신은 산책을 하는 게 좋겠어요.
05 당신이 일찍 출발하기를 권합니다.
06 당신이 대중교통을 이용하기를 제안합니다.
07 열심히 공부해라, 그렇지 않으면 시험에 떨어진다.
08 다이어트를 해야 할 것 같다.

DIALOGUE ①

A: What's the matter, Jean?
   You look worried.
B: I'm getting very fat.
A: Maybe you should go on a diet.
B: What kind of diet?
A: You should eat lots of salad.

A: 무슨 일이야, 진?
   걱정이 있어 보이네.
B: 몸이 자꾸 뚱뚱해져.
A: 다이어트를 하는 게 좋을 거 같다.
 B: 무슨 다이어트?
A: 샐러드를 많이 먹는 게 좋아.

FURTHER STUDY

· **public transportation** 대중교통
· **be worried about** ~에 대해 걱정하다
· **examination** 시험
· **practice** 연습하다

DIALOGUE ②

A: I'm worried about my English.
B: What's the problem?
A: I'm not practicing enough.
B: Why not?
A: It's hard to meet Americans.
B: You'd better join a club.

A: 내 영어 때문에 걱정이야.
B: 뭐가 문제인데?
A: 충분히 연습을 못하고 있어.
B: 왜 못하니?
A: 미국인을 만나기가 어려워.
B: 클럽에 가입하는 게 좋겠다.

WORDS

· **advice** [ədváis] 충고
· **offer** [ɔ́(:)fər] 제안하다
· **had better** + 동사원형 ~하는 편이 좋다
· **advise** [ədváiz] 충고하다
· **take a walk** 산책하다
· **suggest** [səgdʒést] 암시하다, 제안하다

 Track 34

Unit 34

My major is English.

제 전공은 영어입니다.

교육제도는 나라에 따라 다르다. 의무교육 연한도 나라와 주에 따라 다르다. 유학을 원하는 사람은 상대국의 교육제도를 미리 알아보고 적절한 대비를 하는 것이 현명할 것이다. 원하는 학교의 유학 조건도 미리 숙지하고 대비해야 할 것이다.

📢 USEFUL EXPRESSIONS

01 I am majoring in history.

02 Where do you go to school?

03 I go to Incheon High School.

04 What grade are you in?

05 Which is your favorite class?

06 Who is your favorite teacher?

07 How many courses are you taking?

08 Do you have a part-time job?

09 Examinations are at hand.

10 Do you think you passed the test?

11 Is that course(class) interesting?

12 Is the teacher popular with the students?

01 저는 역사를 전공하고 있습니다.
02 어느 학교에 다니세요?
03 저는 인천 고등학교에 다닙니다.
04 몇 학년이세요?
05 좋아하는 수업은 어떤 것(과목)이죠?
06 좋아하는 선생님은 누구시죠?
07 몇 과목을 들을 거예요?
08 당신은 아르바이트를 하고 있습니까?
09 시험이 임박했어요.
10 시험에 합격했다고 생각하세요?
11 그 과목(수업)은 재미있습니까?
12 그 선생님은 학생들에게 인기가 있습니까?

DIALOGUE ①

A: Where do you go to school?

B: I go to Incheon High School.

A: What grade are you in?

B: I'm in the second grade.

A: Do you have any classes on Saturday?

B: Yes, we study Monday through Saturday.

A: 어느 학교에 다니세요?
B: 인천고등학교에 다녀요.
A: 몇 학년이세요?
B: 2학년이에요.
A: 토요일에 수업 있으세요?
B: 예, 월요일부터 토요일까지 공부합니다.

FURTHER STUDY

- **How large is your school?** 학교 인원은 얼마나 되죠?
- **He is good at English.** 그는 영어를 잘 합니다.
- **She is poor at math.** 그녀는 수학을 잘 못합니다.
- **elementary school** 초등학교
- **middle school** 중학교
- **high school** 고등학교
- **college** 단과대학
- **university** 종합대학

DIALOGUE ②

A: I'm a senior at Han-kuk University.

B: What's your major?

A: My major is Japanese.

B: Have you ever been to Japan?

A: Yes, I went to Japan last year.

A: 난 한국대학교 4학년입니다.
B: 전공이 뭐죠?
A: 제 전공은 일본어입니다.
B: 일본에 가본 적 있으세요?
A: 예, 작년에 일본에 갔었죠.

- major [méidʒər] 전공
- grade [greid] 학년, 동급
- examination [igzæmənéiʃən] 시험
- pass [pæs] 통과하다, 합격하다
- major in ~을 전공하다
- favorite [féivərit] 좋아하는
- at hand 가까이에, 곧
- course [kɔːrs] 과목, 강의, 진로

 Track 35

Unit 35

How was your exam?

시험 잘 봤니?

학생들에게 있어서 시험은 늘 긴장되는 극적인 상황이다. 따라서 학생들 끼리의 화제로 시험은 흥미롭다.

📣 USEFUL EXPRESSIONS

01　How was the exam?

02　How did you do on the exam?

03　I failed the exam.

04　I passed the exam.

05　I succeeded in the exam.

06　I got a good grade in that course.

07　I got an A.

08　Don't cheat.

09　Cheer up.

10　I think I failed in history.

11　I hope I haven't failed the exam.

12　Do your best.

---

01 시험 잘 봤니?
02 시험 잘 봤니?
03 시험에 실패했습니다.
04 시험에 합격했습니다.
05 시험에 합격했습니다.
06 그 과목에서 좋은 점수를 받았습니다.
07 A학점을 받았습니다.
08 컨닝하지 마.
09 기운 내.
10 역사 과목이 불합격인 것 같아.
11 시험에 불합격되지 않았기를 바래.
12 최선을 다해라.

DIALOGUE ①

A: How was your exam?

B: Not too bad.
I'm afraid I failed in math.
How about you?

A: Very difficult for me.
I think I failed in German and physics.

A: 시험 잘 봤니?
B: 그저 그래.
  수학은 불합격한 것 같아.
  넌 어떠니?
A: 매우 어려웠어.
  독일어와 물리는 불합격인 것 같아.

FURTHER STUDY

- **fail** 실패하다
- **exam** 시험
- **cheat** 속이다
- **mid-term exam** 중간고사
- **pass** 합격하다, 통과하다
- **grade** 점수
- **course** 과목
- **final exam** 기말고사
- **It's up to you.** 그것은 당신에게 달려있어요.
- **It was easy for me.** 그것은 저에게는 쉬웠습니다.

DIALOGUE ②

A: When do we have the final exam?
B: Next Monday.
A: Cheer up!
B: Let's do our best.

A: 우리 기말 시험 언제 보지?
B: 돌아오는 월요일에.
A: 힘내라!
B: 최선을 다하자.

WORDS

- **succeed** [səksíːd] 성공하다
- **history** [hístəri] 역사
- **German** [dʒə́ːrmən] 독일어
- **cheer up** 힘내다
- **do one's best** 최선을 다하다
- **physics** [fíziks] 물리

 Track 36

Unit 36

It was on the book.
그것은 책 위에 있었다.

사물의 위치에 대한 다양한 표현을 아는 것은 대화하는 데 있어서 매우 편리하다. 정확한 위치를 표현하는 다양한 표현법을 익혀 두자.

📢 USEFUL EXPRESSIONS

01 The picture is on the wall.

02 The eraser is in the book.

03 The large plant is in back of the sofa.

04 The cat is sleeping under the table.

05 There is a coffee table in front of the large sofa.

06 There is a lamp between sofas.

07 My stereo is next to the chest.

08 My TV is on the floor to the left of the desk.

09 It is to the right of the pen.

10 There is a desk against the left wall.

01 그림은 벽에 붙어 있다.
02 지우개는 책 속에 있다.
03 큰 식물은 소파 뒤에 있다.
04 고양이는 탁자 밑에서 자고 있다.
05 커다란 소파 앞에 티 테이블이 있다.
06 소파들 사이에 램프가 있다.
07 내 스테레오는 서랍장 옆에 있다.
08 내 TV는 책상 왼쪽 방바닥(마루)에 있다.
09 그것은 펜 오른쪽에 있다.
10 왼쪽 벽에 기대있는 책상이 하나 있다.

DIALOGUE ①

A: Could you get that dish for me?
B: Which one?
A: The large one on the table.
B: OK. Where do you want it?
A: Put it on this counter.

A: 나에게 저 접시 좀 가져다주시겠어요?
B: 어느 거요?
A: 식탁 위에 있는 큰 거요.
B: 좋아요. 어디로 가져다줄까요?
A: 이 조리대 위에 놓아주세요.

- **coffee table** 재떨이, 음료, 잡지 등을 두는 소파 앞의 낮은 테이블
- **chest** 서랍장
- **It's black.** 그것은 검은색입니다.
- **striped** 줄무늬가 있는
- **on** ~위에
- **in front of** ~앞에
- **to the right of** ~오른쪽에
- **bowl** 주발
- **It's square.** 그것은 네모진 것입니다
- **in** ~안에
- **under** ~밑에
- **in back of** ~뒤에
- **to the left of** ~왼쪽에

DIALOGUE ②

A: Could you help me?
B: Sure. What do you want?
A: Could you get that bowl for me?
B: Where do you want it?
A: Put it next to the oven.

 A: 도와주시겠어요?
B: 물론이죠. 뭘 원하시죠?
A: 나에게 저 사발 좀 가져다주겠어요?
B: 어디로 가져다 드릴까요?
A: 오븐 옆에 놓아주세요.

 **WORDS**

- **picture** [píktʃər] 그림, 사진
- **eraser** [iréisər] 지우개
- **plant** [plænt] 식물
- **wall** [wɔːl] 벽
- **counter** [káuntər] 조리대
- **between** [bitwíːn] ~사이에

 Track 37

Unit 37

What are you going to do?
넌 뭐 할거니?

미래 계획에 대한 이야기를 나누는 것은 흥미로운 일이다. 시제에 대해서 주의하여 대화하는 것이 요망된다.

USEFUL EXPRESSIONS

01 What are you going to do after you graduate?

02 What are you planning to do this weekend?

03 I'm going to go to college.

04 I don't know yet.

05 What are you doing Friday night?

06 What do you want to study there?

07 I'm thinking of majoring in English literature.

08 I'm planning to major in math.

09 I haven't made up my mind yet.

10 I hope to go to Europe.

11 I'd like to go to America.

12 That sounds like a great idea.

01 너 졸업한 후에 뭐 할 거니?
02 너 이번 주말에 뭐 할 계획이니?
03 나는 대학에 갈거야.
04 아직 모르겠어.
05 너 금요일 밤에 뭐 할 거니?
06 거기서 뭘 공부하길 원하니?
07 난 영문학을 전공할 생각이야.
08 난 수학을 전공할 계획이야.
09 아직 결정하지 못했어.
10 난 유럽에 가고 싶어.
11 난 미국에 가고 싶어.
12 그거 참 훌륭한 생각인 것 같다.

DIALOGUE ①

A: What are you going to do after you graduate?
B: Oh, I'm planning to go to college.
A: Uh huh. What do you plan to study?
B: I'm thinking of majoring in physics.
A: That's a good field.

A: 너 졸업한 후에 뭐 할 거니?
B: 대학에 갈 계획이야.
A: 그래. 뭘 공부할 계획이니?
B: 물리학을 공부할 생각이야.
A: 그건 좋은 분야지.

- **college** 대학, 보통 단과대학을 말함. 종합대학은 university라고 함.
- **be going to~** ~할 것이다
- **plan to~** ~할 계획이다
- **make up one's mind** 결정하다

DIALOGUE ②

A: What are you going to do this summer?

B: I'm going to Europe.

A: Oh, really?
What countries are you going to visit?

B: France and Germany.

A: Sounds interesting.
How long are you going to stay there?

A: 이번 여름에 뭐 할 거니?
B: 유럽에 갈 거야.
A: 오, 정말?
어떤 나라들을 방문할 건데?
B: 프랑스와 독일이야.
A: 재미있겠는데.
거기서 얼마나 오래 머물거니?

WORDS

· graduate [grǽdʒuèit] 졸업하다
· major [méidʒər] 전공, 전공하다
· scholarship [skɑ́lərʃip] 장학금
· literature [lítərətʃər] 문학
· major in ~을 전공하다
· dormitory [dɔ́ːrmətɔ̀ːri] 기숙사

Track 38

Unit
38

I'm calling about your help-wanted ad.

구인 광고를 보고 전화를 드리는 중입니다.

외국에서 직장이나 시간제 일자리를 구하기 원할 때는 신문이나 잡지, 온라인 플랫폼의 구인 광고를 활용하는 게 유용하다. 자격 요건을 확인하고 그들의 요구 조건에 대비해야 할 것이다. 면접을 위한 영어구사는 필히 대비해야 한다.

USEFUL EXPRESSIONS

01 Is this 345-2321?

02 Send your resume.

03 We'll give you a date for an interview.

04 Is the position still open?

05 The job is already taken.

06 Ask for Miss Kim.

07 May I ask what the starting pay is?

08 I'm interested in the job.

09 Come to our office.

10 Turn in your application along with your resume.

11 Thank you for calling.

12 Can you come for an interview at 9 tomorrow morning?

01 거기가 345-2321입니까?
02 이력서를 보내주세요.
03 면접 날짜를 알려드리겠습니다.
04 그 자리가 아직도 비어 있습니까?
05 그 일자리는 이미 사람을 구했습니다.
06 미스 김을 부탁하십시오.
07 초봉이 얼마인지 물어봐도 될까요?
08 그 일자리에 관심이 있습니다.
09 우리 사무실로 오세요.
10 이력서와 함께 원서를 제출하세요.
11 전화해 주셔서 감사합니다.
12 내일 아침 9시에 면접을 하러 오실 수 있으세요?

DIALOGUE ①

A: Hello. Is this 123-231?

B: Yes, it is.

A: I'm calling about your help-wanted ad in the Korea Times.

B: All right.
Send your resume and we'll give you a date for an interview.

A: 안녕하세요. 123-231입니까?
B: 예, 그렇습니다.
A: 저는 코리아 타임즈에 난 구인 광고를 보고 전화하는 건데요.
B: 알겠습니다.
　이력서를 보내 주시면 면접 날짜를 알려드리죠.

- I'm unemployed. = I am out of work. 저는 실직 상태입니다.
- employee 고용인
- employer 고용주, 사장

DIALOGUE ②

A: Hello.
I'm calling about your ad in SR magazine.
Is the position still open?

B: I'm sorry but the job is already taken.

A: Oh, I see.

A: 여보세요.
SR잡지에 난 광고 보고 전화하는 건데요.
그 일자리 아직 비어 있나요?
B: 미안합니다만 그 일자리는 이미 사람을 구했어요.
A: 알겠습니다.

· ad [æd] advertisement의 약자, 광고
· interview [íntərvjùː] 면접
· application [æ̀plikéiʃən] 원서, 신청, 응모
· resume [rizúːm] 이력서
· turn in 제출하다
· magazine [mæ̀gəzíːn] 잡지

 Track 39

Unit 39

Do you want to get a part-time job?

시간제 일자리를 얻기 원하니?

우리는 시간제 일자리를 흔히 아르바이트라는 말로 표현한다. 아르바이트는 독일어로 '일'이라는 뜻으로 적절한 영어 표현이 아니다. 영어로는 part-time job이라 한다.

USEFUL EXPRESSIONS

01 I went through the newspapers.

02 I went through the ads of the magazines.

03 What exactly do you want to do?

04 I'm broke.

05 I'm unemployed.

06 Do you have an opening for a typist?

07 We have an opening in the sales department.

08 Please come in for an interview.

09 Why do you want to work here?

10 How much salary do you expect?

11 I'd rather leave that to you.

01 나는 신문들을 훑어봤다.
02 나는 잡지들의 광고들을 훑어봤다.
03 정확히 무슨 일을 하고 싶니?
04 나는 빈털터리다.
05 나는 실업상태다(실업자다).
06 타자수를 위한 일자리가 있습니까?
07 판매부서에는 빈자리가 있습니다.
08 면접을 보러 들어오십시오.
09 왜 여기서 일하기를 원하는 거요?
10 봉급은 얼마나 기대하죠?
11 그건 당신에게 맡기는 게 좋겠습니다.

DIALOGUE ①

A: May I help you?
B: Yes, I'd like to have a part time job for typing.
A: How fast can you type?
B: One hundred words per minute.
A: We have an opening in the sales department.

A: 도와드릴까요?
B: 예, 타자일을 시간제로 하고 싶습니다.
A: 얼마나 빨리 타자를 칠 수 있나요?
B: 분당 백단어요.
A: 판매부서에 빈자리가 있습니다.

FURTHER STUDY

- **part-time job** 시간제 일
- **salary** 봉급
- **look for~** ~을 찾다
- **full-time job** 전일제 일
- **cashier** 출납원
- **be seated** 앉다

DIALOGUE ②

A: Come in? I've been expecting you.
What's your name?
B: Ki-sook Yi.
A: Be seated here.
What exactly do you want to do?
B: I want to be a cashier.

A: 들어오시겠어요? 당신을 기대하고 있었어요.
성함이 어떻게 되시죠?
B: 이기숙입니다.
A: 여기 앉으시죠.
정확히 무슨 일을 하기 원하시죠?
B: 출납원이 되고 싶어요.

 WORDS

- **newspaper** [njú:zpèipər] 신문
- **broke** [brouk] 한푼 없는, 빈털터리의
- **opening** [óupəniŋ] 빈자리, 공석
- **sale** [seil] 판매
- **interview** [íntərvjù:] 면접
- **exactly** [igzǽktli] 정확히
- **magazine** [mǽgəzí:n] 잡지
- **unemployed** [ʌ̀nimplɔ́id] 실직의
- **experience** [ikspíəriəns] 경험
- **department** [dipɑ́:rtmənt] 부, 과, 부서
- **chef** [ʃef] 요리사, 주방장

 Track 40

Unit 40

There's something wrong with my washing machine.
세탁기에 뭔가 문제가 생겼습니다.

가전제품이나 싱크대가 고장이 나면 갑자기 불편함을 느끼게 된다. 대개 주변 사람의 도움을 구하거나 기술자를 불러 문제를 해결한다.

📢 USEFUL EXPRESSIONS

01 I don't know anything about washing machines.

02 Do you know anybody who can help me?

03 You should look in the phone book.

04 You'll find somebody who can fix it.

05 There's something wrong with my kitchen sink.

06 Can you send a plumber as soon as possible?

07 Where do you live?

08 I can send a plumber tomorrow morning.

09 What's the address?

01 나는 세탁기에 대해 아무것도 몰라.
02 나를 도와줄 수 있는 사람을 아니?
03 전화번호부를 보아야 돼요.
04 그걸 수리할 수 있는 사람을 찾을 겁니다.
05 부엌 싱크대에 문제가 생겼습니다.
06 배관공을 가능한 한 빨리 보내줄 수 있겠어요?
07 어디에 사세요?
08 내일 아침에 배관공을 보낼 수 있습니다.
09 주소가 어떻게 되죠?

DIALOGUE ①

A: There's something wrong with my refrigerator.

B: I'm sorry.
 I don't know anything about refrigerators.

A: Do you know anyone who can help me?

B: Not really.
 Look in the phone book, please.

A: 냉장고가 고장났어요.
B: 미안합니다.
 전 냉장고에 대해서 아무것도 모르거든요.
A: 저를 도와줄 수 있는 사람을 아세요?
B: 정말 몰라요.
 전화번호부를 보시지요.

- **faucet** 수도꼭지
- **washstand** 세면대
- **light bulb** 전구
- **flashlight** 손전등
- **The light bulb is burnt out.** 전구가 나갔다.
- **The TV reception is poor.** TV화면이 안 좋다.

DIALOGUE ②

A: Quick Plumbing Company.
   Can I help you?

B: Yes, There's something wrong with my kitchen sink.
   Can you send a plumber to fix it?

A: Where do you live?

B: 120 Tohwa-dong.

A: 퀵 배관 회사입니다.
   도와드릴까요?

B: 예, 부엌 싱크대가 고장났어요.
   그걸 수리할 배관공을 보내줄 수 있어요?

A: 어디에 사십니까?

B: 도화동 120번지입니다.

WORDS

- **plumber** [plʌ́mər] 배관공
- **dishwasher** [díʃw:aʃər] 접시세척기
- **washing machine** 세탁기
- **refrigerator** [rifrídʒəréitər] 냉장고
- **bathtub** [bǽθtʌ̀b] 욕조
- **kitchen sink** 부엌 싱크대

 Track 41

Unit 41

I want this suit dry-cleaned.

나는 이 양복을 드라이하고 싶습니다.

세탁을 할 때는 옷의 종류에 따라 주의를 해야 한다. 집에서 세탁기를 사용해 처리할 수 있는 것이 있고 세탁소에 가져 가야만 하는 것이 있다. 예를 들면 실크나 가죽, 순모제품 등은 세탁소를 이용하는 것이 좋다.

USEFUL EXPRESSIONS

01 I'd like to get this stain out.

02 It looks like a grease stain.

03 I think we can get it out.

04 When can I pick it up?

05 How much will it be?

06 Here's your claim check.

07 Do you think this will shrink if washed?

08 It won't shrink but the color may run.

09 You'd better dry-clean it.

10 Don't put them in together.

11 The dyes will bleed into one another.

01 이 얼룩을 빼고 싶습니다.
02 그것은 기름 얼룩 같군요.
03 우리는 그것을 뺄 수 있을 것 같군요.
04 언제 그걸 찾을 수 있을까요?
05 얼마죠?
06 여기에 당신의 옷 찾는 표가 있습니다.
07 이것은 세탁하면 줄어들까요?
08 줄어들지는 않겠지만 물이 빠질 수도 있죠.
09 그건 드라이클리닝하는 편이 좋겠어요.
10 그것들을 함께 넣지 마세요.
11 서로 물이 들지요.

DIALOGUE ①

A: I want this suit dry-cleaned.

B: Sure.

A: Could you get this stain out?

B: Let me see. It looks like a grease stain. I think we can get it out.

A: 이 양복을 드라이하고 싶은데요.
B: 그러시죠.
A: 이 얼룩을 뺄 수 있을까요?
B: 자 봅시다. 기름 얼룩 같군요.
   뺄 수 있을 거 같은데요.

FURTHER STUDY

- **bleed** 출혈하다, 염료나 안료가 번지다
- **washing machine** 세탁기
- **laundry** 세탁물, 세탁소
- **cleaner** 세탁업자, 청소기, 세제
- **coin-operated washing machine** 동전을 넣고 사용하는 세탁기
- **delicate fabrics** 세탁하면 상하기 쉬운 옷
- **regular fabrics** 일반적인 옷

DIALOGUE ②

A: Do you think this will shrink if washed?
B: No, it won't shrink but the color may run.
A: Really? I didn't know that.
   I'd better dry-clean it.
B: I think so.

A: 세탁을 하면 이게 줄어들까요?
B: 아니오, 줄어들지는 않겠지만 물이 빠질 수도 있겠네요.
A: 정말요? 전 그걸 몰랐는데요.
   드라이클리닝하는 게 좋겠군요.
B: 그렇게 생각합니다.

- stain [stein] 얼룩
- claim check 세탁물 찾는 표
- run [rʌn] 달리다, (색, 물감 등이) 번지다
- pick up 집어가다, 가져가다
- shrink [ʃriŋk] 줄어들다
- suit [suːt] 양복의 한 벌

Track 42

Unit 42

Fill it up with supreme, please.

고급으로 가득 채워 주세요.

미국의 주유소에는 두 종류가 있다. 고객이 직접 기름을 넣는 selfservice 주유소와 종업원이 넣어주는 full-service 주유소이다. selfservice 주유소에 처음 가게 되면 당황하기 쉬우므로 미리 주유법을 익혀두는 게 편리할 것이다.

USEFUL EXPRESSIONS

01 Fill it (her) up.

02 Unleaded, please.

03 I have to fill it up.

04 Is this pump self-service?

05 Ten dollars, please.

06 Which gas station do you usually go to?

07 What kind shall I put in?

08 Fill it up with regular.

09 Check the oil and water, please.

10 Do you want your oil checked?

11 Would you like me to check under the hood?

12 That'd be nice.

13 No. That's all right.

01 차에 기름을 가득 채워 주세요.
02 납 성분이 없는 기름으로 넣어주세요.
03 기름을 채워야 되겠습니다.
04 이곳은 본인이 직접 주유하는 곳인가요?
05 10달러 어치 넣어주세요.
06 보통 어느 주유소에 가십니까?
07 어떤 종류로 넣어 드릴까요?
08 표준으로 넣어주세요.
09 기름과 물을 점검해 주세요.
10 기름 점검을 원하세요?
11 보닛을 열고 점검해 드릴까요?
12 그렇게 해주시면 좋겠습니다.
13 아닙니다. 괜찮습니다.

DIALOGUE ①

A: Five dollars, please.
B: Do you want me to check your oil and water?
A: Yes, please.
B: What kind shall I put in?
A: Regular, please.

A: 5달러 어치 넣어주세요.
B: 제가 오일과 물을 점검해 주길 원하세요?
A: 예, 그렇게 해 주시죠.
B: 어떤 종류로 넣어드릴까요?
A: 표준으로 넣어주세요.

- **fill up** 가득 채우다
- **Fill her up.** (her는 차를 여성 취급한 것이다)
- **unleaded** 납 성분이 들어 있지 않다는 뜻으로 공해 방지를 위해 이 기름의 사용이 권장된다.
- **regular**나 **supreme**은 기름의 종류이다.

DIALOGUE ②

A: Fill it up with supreme, please.

B: Do you want your car washed?

A: Yes, please.
   Could you check the oil and water?

B: Sure.

A: 수프림(고급)으로 가득 채워 주세요.
B: 세차를 원하세요?
A: 예, 해 주세요.
   오일과 물을 점검해 줄 수 있으세요?
B: 물론입니다.

- **oil** [ɔil] 기름
- **gas station** 주유소
- **wash** [wɔ(:)ʃ] 씻다
- **check** [tʃek] 점검하다, 저지, 감독, 점검
- **put in** 넣다

 Track 43

Unit 43

I had a car accident.
나한테 자동차 사고가 있었다.

운전은 항상 조심하는 것이 상책이다. 사고가 나면 당황하기 쉽고 운전자 쌍방이 피해를 입기 마련이다. 항상 운전면허증과 보험카드를 지참하는 것이 사고 처리에 요긴하게 쓰인다.

USEFUL EXPRESSIONS

01 I'm a bad driver.

02 I'm very sorry.

03 Are you all right?

04 Are you okay?

05 I didn't see you.

06 Don't worry.

07 Here's my insurance agent's number.

08 He'll take care of everything right away.

09 I buckled up.

10 You have to buckle up.

11 Don't ever speed!

12 No one's hurt.

01 나는 운전을 험하게 한다.
02 대단히 죄송합니다.
03 괜찮으세요?
04 괜찮으세요?
05 제가 당신을 못 봤습니다.
06 걱정 마세요.
07 여기 제 보험사 직원의 전화번호가 있습니다.
08 그가 즉시 모든 걸 해결해 줄 겁니다.
09 나는 안전 벨트를 맸다.
10 당신은 안전 벨트를 매야만 합니다.
11 결코 과속하지 말라!
12 아무도 안 다쳤다.

DIALOGUE ①

A: I'm very sorry.
   Are you all right?
   I didn't see you.
B: I'm okay but my hood is dented badly.
A: Don't worry. It'll be repaired.

A: 대단히 죄송합니다.
   몸은 괜찮으세요?
   제가 당신을 못 봤습니다.
B: 전 괜찮습니다만 제 차 후드가 몹시 찌그러졌네요.
A: 걱정 마세요. 수리해 드리겠습니다.

FURTHER STUDY

- **insurance agent** 보험사 직원
- **repair** 수리하다
- **officer** 교통경찰을 부를 때 쓰는 말
- **My bumper has to be replaced.** 내 범퍼가 교체되어만 합니다.
- **replace** 교체하다

DIALOGUE ②

A: Can I see your driver's license?
B: Sure. What's the problem, officer?
A: You were speeding, ma'am.
B: I'm very sorry.
A: Don't ever speed, please.

A: 운전면허증 좀 보여 주시겠어요?
B: 물론이죠. 뭐가 문제죠, 경찰관님?
A: 과속하셨습니다.
B: 대단히 죄송합니다.
A: 절대 과속하지 마십시오.

 WORDS

- accident [ǽksidənt] 사고
- insurance [inʃúərəns] 보험
- speed [spi:d] 과속하다
- dent [dent] ~에 찌그러지게 하다
- buckle up 버클로 채우다
- hurt [həːrt] 다치게 하다

 Track 44

Unit 44

I think that's my jacket.

저것은 제 자켓 같은데요.

사람들이 많이 모이는 공공장소나 백화점 등에서는 물건을 분실하기 쉽다. 분실물신고소를 방문하여 물건을 찾을 수도 있다.

USEFUL EXPRESSIONS

01 Excuse me.

02 I think those are my gloves.

03 I don't think so.

04 You're right.

05 I guess I made a mistake.

06 Is this your umbrella?

07 No, it isn't.

08 Are these your glasses?

09 No, they aren't.

10 Are you sure?

11 My umbrella is brown.

01 실례합니다.
02 저건 제 장갑인 것 같은데요.
03 저는 그렇게 생각하지 않는데요.
04 당신 말이 맞아요.
05 제가 실수를 한 것 같아요.
06 이것이 당신의 우산입니까?
07 아닙니다.
08 이것이 당신의 안경이에요?
09 아닙니다.
10 확실합니까?
11 내 우산은 갈색입니다.

DIALOGUE ①

A: Excuse me.
I think those are my boots.
B: I don't think so.
I think these are my boots.
A: Oh, You're right.
I guess I made a mistake.

A: 실례합니다.
저건 제 부츠 같은데요.
B: 전 그렇게 생각 안해요.
이건 제 부츠라고 생각합니다.
A: 오, 당신 말이 맞아요.
제가 실수를 한 것 같군요.

FURTHER STUDY

· **I lost my passport.** 여권을 분실했습니다.
· **Who should I contact?** 누구한테 연락해야 하죠?
· **Where is the lost and found?** 분실물 신고소는 어디죠?

DIALOGUE ②

A: Is this your jacket?
B: No, it isn't.
A: Are you sure?
B: Yes. That jacket is gray, and my jacket is black.

A: 이것이 당신의 자켓입니까?
B: 아닙니다.
A: 확실합니까?
B: 예, 저 자켓은 회색인데요, 제 자켓은 검은색입니다.

 WORDS

- gray [grei] 회색
- purse [pəːrs] 지갑
- glove [glʌv] 장갑
- earring [íəriŋ] 귀고리
- watch [wɑtʃ] 시계
- umbrella [ʌmbrélə] 우산
- raincoat [réinkòut] 우비
- the lost and found 분실물 신고소

Unit 45

Could I borrow some eggs?

달걀 좀 빌려주시겠어요?

물건을 빌리거나 빌려주는 데는 셀 수 있는 것들과 셀 수 없는 것들이 있다. 두 가지를 구별해서 표현하도록 주의해야 한다.

USEFUL EXPRESSIONS

01 Could I borrow some books?

02 How many do you need?

03 Just a few.

04 Take as many as you want.

05 Could I borrow some sugar?

06 How much do you need?

07 Just a little.

08 Take as much as you want.

09 Could you lend me some money?

10 Here it is.

---

01 책 좀 몇 권 빌릴 수 있을까요?
02 몇 개(몇 권)나 필요하시죠?
03 두 서너 개(권)요.
04 원하는 개수만큼 가져라.
05 설탕 좀 약간 빌릴 수 있을까요?
06 얼마나 많이 필요하시죠?
07 조금만요.
08 원하는 만큼 가지세요.
09 돈 좀 빌려주시겠어요?
10 여기 있어요.

DIALOGUE ①

A: Could I borrow some eggs?
B: Sure. How many do you need?
A: Just a few.
B: Here! Take as many as you want.
A: Thanks.

A: 달걀 좀 빌려주시겠어요?
B: 그럼요. 몇 개나 필요하시죠?
A: 두서너 개만요.
B: 여기 있어요. 원하는 개수만큼 가지세요.
A: 고마워요.

🔍 FURTHER STUDY

· **borrow** 빌리다
· **mushroom** 버섯
· **pencil** 연필
· **paper clips** 종이 집개, 클립
· **toothpaste** 치약

· **lend** 빌려주다
· **laundry detergent** 세제
· **typing paper** 타자용지
· **flour** 밀가루
· **envelope** 봉투

DIALOGUE ②

A: Could I borrow some sugar?
B: Sure. How much do you need?
A: Just a little.
B: Here it is. Take as much as you want.
A: Thanks.

A: 설탕 좀 빌려줄 수 있으세요?
B: 얼마나 필요하시죠?
A: 조금만요.
B: 여기 있어요. 원하는 만큼 가지세요.
A: 고마워요.

- egg [eg] 달걀
- many [méni] 많은(셀 수 있는 명사)
- a few [ə fjuː] 소수의(셀 수 있는 명사)
- some [sʌm] 약간의(셀 수 있는 명사와 셀 수 없는 명사 모두 가능)
- sugar [ʃúgər] 설탕
- much [mʌtʃ] 많은(셀 수 없는 명사)
- a little [ə lítl] 약간의(셀 수 없는 명사)

 Track 46

Unit 46

Can you save my place, please?

제 자리 좀 보아주시겠습니까?

줄을 서서 순번을 기다릴 때 갑자기 긴급한 볼일이 생각나는 경우가 있다. 이럴 때 적절한 표현이 떠오르지 않는다면 무척 당황이 될 것이다. 또한 줄을 선 것인지, 아닌지 애매한 사람에게 확인을 요할 때도 적절한 표현이 요구된다.

USEFUL **EXPRESSIONS**

01 Are you in line?

02 The line starts over there.

03 Could you save my place in line, please?

04 Could you save my seat, please?

05 I'll be right back.

06 Sure. Go ahead.

07 Yes, of course.

08 Certainly, go ahead.

09 Yes, but please hurry.

10 Don't take too long.

11 Hurry up!

12 You have to get in line.

01 줄을 서신 겁니까?
02 줄은 저쪽에서부터 시작됩니다.
03 줄에서 제 자리 좀 보아주시겠어요?
04 제 자리 좀 보아주시겠어요?
05 곧 돌아오겠습니다.
06 물론입니다. 어서 다녀오세요.
07 예, 물론입니다.
08 예, 어서 다녀오세요.
09 예, 하지만 서두르세요.
10 너무 오래 걸리지 마세요.
11 서두르세요!
12 줄을 서야 됩니다.

DIALOGUE ①

A: Excuse me.
   Could you save my place?
B: Sure. Go ahead.
A: Thank you.
   I'll be right back.

A: 실례합니다.
   제 자리 좀 보아주시겠어요?
B: 물론입니다. 어서 다녀오세요.
A: 고맙습니다.
   곧 돌아오겠습니다.

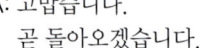

 FURTHER STUDY

- I've got to make a phone call. 전화를 걸어야만 합니다.
- No problem. 괜찮습니다.
- Is this the line for the concert? 이것이 음악회를 위한 줄입니까?

DIALOGUE ②

A: Oh, my God!
B: What's the matter?
A: I'm afraid I've left my purse in my car. Can you save my place, please?
B: Yes, but please hurry.

A: 큰일났네.
B: 무슨 일 있어요?
A: 차에다 제 지갑을 놓고 온 것 같아요.
　　제 자리 좀 보아주시겠어요?
B: 예, 하지만 서두르세요.

 **WORDS**

· be in line 줄을 서 있다
· save one's place ~의 자리를 보아주다
· hurry up 서두르다
· be right back 곧 돌아오다
· save [seiv] 보호하다, 구하다
· go ahead 어서하세요, 계속 하세요
· get in line 줄을 서다
· purse [pəːrs] 지갑

 Track 47

Unit 47

Is there a restroom near here?

이 근처에 화장실이 있습니까?

도심에서는 어느 나라를 막론하고 공중화장실을 찾기가 힘들다. 백화점이나 호텔을 이용하는 게 편리한 방법이다. 요금을 투입해야만 들어갈 수 있는 공중화장실이 있는 나라도 있다.

📣 USEFUL EXPRESSIONS

01 Where is the restroom?

02 Where can I wash my hands?

03 Where is the washroom?

04 May I use your restroom?

05 Is there a coffee shop nearby?

06 There's a pay toilet in that building.

07 There is no toilet paper.

08 It is occupied.

09 It is vacant.

10 I can't flush the toilet.

01 화장실이 어디에 있나요?
02 화장실이 어디에 있죠?
03 화장실이 어디에 있죠?
04 화장실을 사용해도 될까요?
05 이 근처에 커피숍이 있습니까?
06 저 건물에 유료 화장실이 있습니다.
07 화장실 휴지가 없습니다.
08 사용 중입니다.
09 비어있습니다.
10 화장실 물이 내려가지 않습니다.

DIALOGUE ①

A: Excuse me.
   Is there a restroom nearby?
B: I'm afraid not.
A: Is there a department store?
B: Yes, go down this street?

A: 실례합니다.
   이 근처에 화장실이 있습니까?
B: 없는 것 같은데요.
A: 백화점은 있습니까?
B: 예, 이 길을 따라 내려가세요.

- **bathroom** 화장실, 주로 가정에서
- **restroom** 화장실, 학교나 백화점 같은 대중적인 장소에서
- **washroom** 화장실, 식당이나 호텔 등에서 사용
- **men's room** 남자 화장실   **ladies' room** 여자 화장실
- **lavatory** 화장실, 주로 영국
- **toilet paper** 화장지

DIALOGUE ②

A: Where can I wash my hands?
B: I'm not sure.
   Please ask at the information center over there.
A: Thank you.

A: 화장실이 어디에 있죠?
B: 잘 모르겠는데요.
   저쪽에 있는 안내센터에 물어 보시지요.
A: 고맙습니다.

- **nearby** [níərbài] 근처의(에)
- **information center** 안내센터
- **evening** [í:vniŋ] 저녁
- **occupied** [ɑ́kjəpàid] 사용중인, 차지되어 있는
- **department store** 백화점
- **flush** [flʌʃ] 물을 쏟아 씻다
- **vacant** [véikənt] 비어있는

Track 48

Unit 48

Where is the taxi stand?

택시 타는 곳이 어디입니까?

택시를 도로 아무 데서나 타지 못하고 택시회사에 전화를 해서 부르는 나라들도 있다. 그럴 때는 타고자 하는 곳의 주소를 영어로 준비하고 있다가 알려줘야 한다.

📢 USEFUL EXPRESSIONS

01 Where can I take a taxi?

02 Please call a taxi for me.

03 Where can I take you?

04 Please take me to the national museum.

05 To this address, please.

06 How long does it take to get there?

07 How much will it be to get there?

08 How much is the fare?

09 Stop here, please.

10 Let me off here.

11 Please hurry. I'm late.

12 Please keep the change.

01 택시는 어디에서 탑니까?
02 택시 좀 불러 주세요.
03 어디로 모실까요?
04 국립박물관까지 태워다 주세요.
05 이 주소로 가 주세요.
06 거기까지 가는 데 얼마나 걸릴까요?
07 거기까지 가는 데 요금이 얼마나 나올까요?
08 요금이 얼마죠?
09 여기서 내려 주세요.
10 여기서 내려 주세요.
11 서둘러 주세요. 늦었습니다.
12 거스름돈은 가지세요.

DIALOGUE ①

A: Taxi! taxi!
B: Where to, sir?
A: I want to go to the Park Avenue.
B: Please get in.
A: Thank you.

A: 택시! 택시!
B: 어디까지 가시죠?
A: 파크 애버뉴에 가려고 합니다.
B: 타시죠.
A: 고맙습니다.

- **change** 잔돈
- **traffic** 교통
- **owe** 빚지다
- **traffic cop** 교통 순경
- **How much do I owe you?** 얼마입니까?

DIALOGUE ②

A: Please take me to the airport.

B: OK.

A: Here we are.

B: What's the fare, please?

A: 9 dollars.

B: Here's 10 dollars.
   Keep the change.

A: 공항까지 데려다 주세요.
B: 알겠습니다.
A: 다 왔습니다.
B: 요금이 얼마죠?
A: 9달러입니다.
B: 여기 10달러 받으시죠. 잔돈은 가지시구요.

- **taxi stand** 택시 정류장
- **address** [ədrés] 주소
- **take + 사람 + to + 장소** ~을 ~에 데려가다
- **take a taxi** 택시를 부르다
- **fare** [fɛər] 요금

  ex) Please take me to the National Museum.
  국립박물관까지 태워다 주세요.

 Track 49

Unit 49

May I help you?

어서 오세요. 도와드릴까요?

해외에서 쇼핑할 때는 상점들의 영업시간을 확인하는 것이 좋다. 한국과는 달리 토요일 오후, 일요일, 기념일은 쉬는 상점들이 있다. 물건을 고를 때는 함부로 만지지 않도록 주의를 해야 한다. 물건을 사지 않고 구경만 할 때는 eye-shopping이 아니라 window-shopping이라고 표현한다.

📢 USEFUL EXPRESSIONS

01 Can I help you?

02 I am just looking.

03 I am just window-shopping.

04 What kind are you looking for?

05 I'd like to buy a bag.

06 How much is it (altogether)?

07 I think it's too expensive.

08 Can you reduce the price?

09 Could you give me a discount?

10 Can you show me another one?

11 I'll take this.

12 Do you accept Visa?

13 Which one is popular?

01 어서 오세요. 도와 드릴까요?
02 전 다만 구경하는 겁니다.
03 전 단지 구경하는 건데요.
04 어떤 종류를 찾고 계시죠?
05 가방을 사려고 하는데요.
06 (전부) 얼마입니까?
07 너무 비싼 것 같은데요.
08 좀더 싸게 안될까요?
09 좀더 싸게 안될까요?
10 다른 걸 보여주시겠어요?
11 이걸 사겠어요.
12 비자카드를 사용할 수 있나요?
13 어느 것이 잘 나가는 겁니까?

DIALOGUE ①

A: May I help you?
B: I am just looking(window-shopping).
A: If you need any help, please let me know.
B: Thanks.

A: 어서 오세요. 도와 드릴까요?
B: 단지 구경하는 겁니다.
A: 도움이 필요하시면 알려 주세요.
B: 고맙습니다.

 FURTHER STUDY

- **Where is the escalator?** 에스컬레이터는 어디에 있죠?
- **Where is the toy department?** 장난감 매장은 어디에 있죠?
- **Here is your change.** 거스름돈 여기 있습니다.

DIALOGUE ②

A: Can I help you?
B: I am looking for perfume.
A: How about this one?
Would you care to try some?
B: That smells nice.
How much is it?
A: It's $50 a bottle.
B: I'll take one bottle.

A: 도와드릴까요?
B: 향수를 찾고 있는데요.
A: 이건 어떠세요? 향기를 맡아보시겠어요?
B: 향기가 좋군요. 얼마죠?
A: 한 병에 50달러입니다.
B: 한 병 살게요.

WORDS

- reduce [ridjúːs] (수량, 무게, 값 따위를) 줄이다
- men's clothing 남성복
- children's clothing 아동복
- leather goods 가죽제품
- women's clothing 여성복
- jewelry [dʒúːəlri] 보석

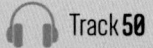 Track 50

Unit 50

I'd like to see a movie tonight.
오늘 밤 영화를 보고 싶군요.

아주 예외이긴 하지만 간혹 식당이나 극장에서 지나치게 떠드는 사람들이 있다. 특히 영화관에서는 타인에게 방해가 되지 않도록 조용히 감상을 하는 예의를 지켜야겠다.

USEFUL EXPRESSIONS

01 How about going to the movies tonight?

02 What movies are on tonight?

03 How long is the movie?

04 What time does the evening show begin?

05 When does the next show start?

06 How much is the admission?

07 What kind of movies do you like?

08 What time will the movie be over?

09 Where can I get a ticket?

10 Would you like to see a play?

11 Can I make reservations for plays by phone?

12 What kind of play do you like?

01 오늘 밤 영화 구경 갈까?
02 오늘 밤 무슨 영화가 상영됩니까?
03 영화 상영 시간은 얼마나 긴가요?
04 밤 상영은 몇 시에 시작됩니까?
05 다음 상영은 몇 시에 시작됩니까?
06 입장료는 얼마인가요?
07 어떤 영화들을 좋아하시죠?
08 몇 시에 영화가 끝납니까?
09 표는 어디서 사죠?
10 연극 보고 싶으세요?
11 전화로 연극 예약을 할 수 있나요?
12 어떤 연극을 좋아하시나요?

DIALOGUE ①

A: How about going to the movies tonight?
B: That sounds good.
　What's the title of the movie?
A: Titanic.
B: Great.

A: 오늘 밤 영화 구경 가는 게 어때?
B: 좋아. 영화 제목이 뭔데?
A: 타이타닉.
B: 너무 좋아.

- **show** 상영
- **title** 제목
- **box office** 극장, 경기장 등의 매표소
- **theater** 극장
- **director** 감독
- **concert** 음악회
- **admission** 입장, 입장료
- **adult** 성인
- **ticket window(booth)** 매표 창구
- **producer** 제작자
- **reserved seat** 예약석, 지정석

DIALOGUE ②

A: When does the next show begin?
B: 5:10.
A: How long is the movie?
B: About 2 hours.
A: How much is the admission?
B: $7 for adults, $3.5 for children.

A: 다음 상영이 몇 시에 시작되나요?
B: 5시 10분입니다.
A: 영화가 긴가요?
B: 2시간 정도요.
A: 입장료는 얼마죠?
B: 성인은 7달러구요, 어린이는 3.5달러입니다.

- **movie** [múːvi] 영화
- **play** [plei] 연극
- **make a reservation** 예약하다
- **tonight** [tənáit] 오늘밤
- **reservation** [rèzərvéiʃən] 예약

PART 2

여행 영어 회화

 Track 51

Unit 01

May I see your boarding pass, please?
탑승권 좀 보여주시겠습니까?

비행기를 탈 때는 여권(passport)과 탑승권(boarding pass)을 꼭 챙겨야 된다. 탑승권에는 비행기 출발 및 도착 일시와 좌석번호가 적혀 있다. 영어로 복잡하게 적혀 있지만 미리 확인하는 것이 중요하다.

USEFUL EXPRESSIONS

01 I'd like to reconfirm my flight.
02 Date and flight number, please.
03 April 4, CP flight 005.
04 I would like to check in.
05 Would you like a window or aisle seat?
06 A window seat, please.
07 Where is the duty-free shop?
08 Here is my ticket and passport.
09 What is the gate number?
10 Where is my seat?
11 Please fasten your seat belt.
12 I feel sick.
13 May I have a blanket?

01 예약을 재확인하고 싶습니다.
02 날짜와 비행기 번호를 말씀해 주세요.
03 4월 4일 CP 005편입니다.
04 탑승수속을 하려고 합니다.
05 창쪽 좌석과 통로쪽 좌석 중 어느 쪽을 원하세요?
06 창쪽 좌석을 주세요.
07 면세점은 어디에 있습니까?
08 여기 비행기표와 여권이 있습니다.
09 탑승구는 몇 번입니까?
10 제 좌석은 어디죠?
11 안전벨트를 매어 주십시오.
12 몸이 안 좋아요.
13 모포를 주시겠어요?

DIALOGUE ①

A: May I see your boarding pass, please?

B: Here it is. Where is my seat?

A: 20A is on the left side.

B: Thank you.

A: What would you like to drink?

B: Coke, please. (Orange juice, please.)

A: 탑승권 좀 보여주시겠습니까?
B: 여기 있어요. 제 자리는 어디죠?
A: 좌측에 있는 20A입니다.
B: 고맙습니다.
A: 뭘 마시겠습니까?
B: 콜라 주세요.(오렌지 주스 주세요.)

FURTHER STUDY

- Could you bring me a magazine? 잡지 좀 가져다 주시겠습니까?
- Where is the toilet? 화장실이 어디에 있죠?
- 기내에서의 화장실은 남녀공용이다. 들어가면 반드시 안에서 잠가야 한다. 그래야 '사용중(Occupied)'이라는 표시가 나타난다. 그렇지 않으면 '비어있음(Vacant)'이라는 표시가 되어 다른 승객이 문을 열게 된다.

DIALOGUE ②

A: Please fasten your seat belt.
B: (Fastens the seat belt) Is this all right?
A: Sure. Please put your bag under the seat.

A: 좌석벨트를 매어 주십시오.
B: (좌석벨트를 맨다.) 이렇게 하면 됩니까?
A: 예, 가방은 좌석 밑에 넣어주세요.

- boarding pass 탑승권
- aisle [ail] 통로, 복도
- medicine [médəsən] 약
- airsickness [ɛərsìknis] 비행기 멀미
- I've got a headache. 머리가 아픕니다.
- flight number 항공기 번호
- duty-free shop 면세점
- blanket [blǽŋkit] 모포

 Track 52

Unit 02

What's the purpose of your visit?
당신의 방문 목적은 무엇입니까?

비행기가 목적지에 도착하면 입국절차를 밟게 된다. 그때 방문 목적과 체류기간 등을 질문 받는다. 침착하게 간단히 대답하면 된다. 짐 찾는 것도 잊지 말고 꼼꼼이 체크한다.

📢 USEFUL EXPRESSIONS

01 Where is the immigration counter?

02 Over there.

03 May I see your passport?

04 Here it is.

05 What's the purpose of your visit?

06 Sightseeing.

07 How long are you going to stay?

08 For one week.

09 Where are you going to stay in New York?

10 At the Hilton Hotel.

---

01 입국심사대는 어디에 있습니까?
02 저쪽입니다.
03 여권을 보여주시겠습니까?
04 여기 있습니다.
05 당신의 방문 목적은 무엇입니까?
06 관광입니다.
07 얼마나 오랫동안 체류하실 건가요?
08 일주일입니다.
09 뉴욕 어디에서 머물 겁니까?
10 힐튼 호텔입니다.

DIALOGUE ①

A: What's your name, please?

B: Yu-mi Lee.

A: What's the purpose of your visit?

B: To attend the language program.

A: How long are you going to stay?

B: For six weeks.

A: 성함이 어떻게 되시죠?
B: 이유미입니다.
A: 방문 목적은 뭐죠?
B: 어학연수를 하려고요.
A: 얼마나 오랫동안 있을 거예요?
B: 6주간요.

FURTHER STUDY

- **What is your destination in the United States?**
  미국에서 당신의 목적지는 어디입니까?
- **Are you on business or on vacation?**
  사업차 오셨습니까 또는 휴가로 오셨습니까?
- **Where is the foreign exchange?**
  환전소는 어디에 있죠?

DIALOGUE ②

A: May I have your name, please?

B: My name is Se-ri Kim.

A: What's the purpose of your visit?

B: Sightseeing.

A: How long will you be here?

B: For one week.

A: 성함이 어떻게 되시죠?
B: 제 이름은 김세리입니다.
A: 당신의 방문 목적은 뭡니까?
B: 관광입니다.
A: 얼마나 오랫동안 체류할 거죠?
B: 1주일이요.

WORDS

- **purpose**[pə́ːrpəs] 목적
- **immigration counter** 입국심사대
- **stay**[stei] 머무르다
- **language**[læŋgwidʒ] 언어
- **immigration**[ìməgréiʃən] 이주, 이민, 입국
- **sightseeing**[sáitsìːiŋ] 관광
- **attend**[əténd] 참석하다
- **stand in line** 줄을 서다

 Track 53

Unit 03

My suitcase didn't come out.

내 여행가방이 나오지 않았습니다.

짐이 나오지 않을 경우에는 당황하기 쉽다. 마음을 가라앉히고 'Baggage Claim'이라고 적힌 수화물 분실 신고소에 가서 신고해야 한다. 가방의 크기, 형태, 색깔 등을 말해야 하고, 항공권에 붙어 있는 'Baggage Claim Tag'이라는 화물보관증을 제시해야 한다. 또한 화물을 반환받을 자신의 투숙호텔이나 연락처를 알려야 한다.

📢 USEFUL EXPRESSIONS

01 My bag is missing.

02 My bag didn't come out.

03 Here is my baggage claim tag.

04 My suitcase is damaged.

05 Could I see your baggage tag?

06 Do you have a baggage tag?

07 What color is your bag?

08 It's white.

09 Does your bag have a tag with your name and address?

10 I am staying at the Hilton Hotel.

---

01 제 가방이 없어졌습니다.
02 제 가방이 나오지 않았습니다.
03 여기에 화물보관증이 있습니다.
04 제 가방이 손상되었습니다.
05 짐표를 보여주시겠습니까?
06 짐표를 가지고 있습니까?
07 당신의 가방은 무슨 색입니까?
08 흰색입니다.
09 당신의 가방에는 이름과 주소가 쓰여진 표가 붙어 있습니까?
10 저는 힐튼 호텔에 묵고 있습니다.

DIALOGUE ①

A: I was on UA flight 716, but my bag didn't come out on the conveyer belt.

B: Could I see your baggage tag?

A: Wait a moment. Here it is.

A: 저는 유나이티드 항공 716편을 탔습니다만, 가방이 컨베이어벨트에 나오지 않았습니다.
B: 수하물표(짐표)를 보여주시겠습니까?
A: 잠깐만요. 여기 있습니다.

- **Your bag was left behind in Los Angeles.**
  당신의 가방은 로스앤젤레스에 있습니다.
- **We'll have your bag delivered there in the afternoon.**
  오후에 당신 가방을 그곳으로 배달해 드리겠습니다.
- 해외여행보험에 가입한 경우는 공항이나 항공사에서 분실증명서를 발급 받아 두면 향후 보상받을 수 있는 근거가 된다.

DIALOGUE ②

A: Excuse me.
My baggage is missing.
Where is the baggage claim area?

B: Over there.

A: Thanks a lot.

A: 실례합니다.
제 가방이 분실되었습니다.
짐 분실 신고하는 곳이 어디죠?
B: 저쪽입니다.
A: 대단히 감사합니다.

WORDS

- **suitcase** [súːtkèis] 여행가방
- **baggage** [bǽgidʒ] 짐
- **conveyer belt** 짐 운반
- **missing** [mísiŋ] 분실한, 행방불명인
- **baggage claim tag** 화물보관증
- **baggage(luggage) cart** 수화물을 실은 수레

 Track 54

Unit 04

Do you have anything to declare?

신고할 물건 있습니까?

세관에서 수화물을 조사하는 경우는 드물며 대부분 여권과 신고서를 보고 2, 3가지의 질문을 한다.

📢 USEFUL EXPRESSIONS

01 Do you have anything to declare?

02 No, I have nothing.

03 These are all personal effects.

04 Do you have any alcohol or cigarettes?

05 I have some liquor and some cigarettes.

06 How much liquor do you have?

07 Two bottles.

08 How many cigarettes do you have?

09 A carton.

10 What about perfume?

11 No, I don't.

12 Open your suitcase, please.

---

01 신고할 물건 있습니까?
02 아니오, 없습니다.
03 이것들은 모두 개인용품들입니다.
04 술이나 담배를 가지고 있습니까?
05 약간의 술과 담배가 있어요.
06 술은 얼마나 가지고 있죠?
07 두 병이요.
08 담배는 얼마나 가지고 있죠?
09 한 상자요.
10 향수는 있어요?
11 없어요.
12 여행가방을 열어주세요.

DIALOGUE ①

A: Good morning.
   May I see your passport?

B: Sure. Here it is.

A: Thank you. Hmm. O.K.
   Do you have anything to declare?

B: No, I don't.

A: 안녕하세요.
   여권 좀 보여 주시겠어요?
B: 예, 여기 있습니다.
A: 고맙습니다. 음. 됐습니다.
   신고할 물건은 있습니까?
B: 없습니다.

· **custom**은 습관, 관례의 뜻이지만 복수형태인 **customs**는 관세, 세관의 뜻임에 주의할 것.

DIALOGUE ②

A: Do you have anything to declare?
B: No. These are all personal effects.
A: Do you have any liquor or cigarettes?
B: No, I don't.

A: 신고할 물건 있습니까?
B: 아니오. 이것들은 모두 개인용품입니다.
A: 술이나 담배 가지고 있습니까?
B: 없습니다.

 WORDS

· declare [dikléər] 신고하다, 선언하다
· cigarette [sìgərét] 담배
· carton [kɑ́ːrtən] 판지 상자, 보루
· a carton of cigarettes 한 보루의 담배
· personal effects 개인용품
· liquor [líkər] 술
· perfume [pə́ːrfjuːm] 향수

 Track 55

Unit 05

I'd like to check in, please.

체크인하고 싶습니다.

호텔은 미리미리 예약을 하는 것이 편리하다. 큰짐을 들고 다니는 것은 힘들기 때문이다. 한국에서 예약을 하지 않은 경우에는 공항에 있는 호텔 안내소나 항공사 직원들에게 도움을 청하면 된다.

📢 USEFUL EXPRESSIONS

01 I don't have a reservation.

02 Do you have a single room available for tonight?

03 I have a reservation.

04 I'd like to check in.

05 I'd like to make a reservation.

06 Please fill out this form.

07 How much is it?

08 Could I see the room?

09 You accept credit cards, don't you?

10 Is Visa OK?

11 Can I deposit valuables here?

---

01 예약을 하지 않았는데요.
02 오늘 밤 묵을 1인용 방 있나요?
03 저는 예약을 했습니다.
04 체크인하길 원합니다.
05 예약을 하고 싶습니다.
06 이 양식(숙박카드)을 기입해 주세요.
07 얼마입니까?
08 방을 보여주시겠어요?
09 신용카드를 사용할 수 있죠?
10 비자카드 사용됩니까?
11 내가 여기에 귀중품을 맡길 수 있나요?

DIALOGUE ①

A: I'd like to check in, please.
B: Do you have a reservation?
A: Yes, my name is Kilsu Choi.
B: Will you fill out this form?
A: Sure.

A: 투숙하길 원합니다.
B: 예약하셨습니까?
A: 예, 제 이름은 최길수입니다.
B: 이 양식을 기입해 주시겠습니까?
A: 알겠습니다(그렇게 하죠).

- **I have a reservation.** 나는 예약을 했다.
- **I'd like to make a reservation.** 나는 예약을 하고 싶다.
  ※ 두 문장을 구별해 쓸 것.
- **I've locked myself out of my room.** 제 방 문이 잠겼습니다.
- **Could you open my room for me?** 방 문 좀 열어 주시겠어요?
- **Where is the dining room?** 식당이 어디 있죠?

DIALOGUE ②

A: Do you have a single room available for tonight?
B: Yes, we do, sir.
A: How much is it?
B: $40 a night, sir.
A: That's fine.

A: 오늘 밤 묵을 1인용 빈방 있습니까?
B: 예, 있습니다.
A: 얼마죠?
B: 하룻밤에 40달러입니다.
A: 좋습니다.

 WORDS

- **reservation** [rèzərvéiʃən] 예약
- **bellboy** [bélbɔ̀i]; **bellman** 벨보이
  (호텔에서 짐을 운반하는 사람)
- **bill** [bil] 계산서
- **deposit** [dipɑzit] 맡기다, 저축하다
- **double room, double-bedded room** 2인용 방, 침대 하나
- **twin room, twin-bedded room** 2인용 방, 침대 둘
- **single room** 1인용 방
- **laundry** [lɑːndri] 세탁물, 세탁소
- **valuables** [væljuːəbəl] 귀중품

231

 Track 56

Unit 06

I'd like to check out.
체크아웃하길 원합니다.

호텔의 입·퇴실 시간은 호텔마다 다르지만 대개 11~12시가 퇴실시간이고, 입실은 12시 이후이다. 퇴실할 때는 방을 잘 정돈하고 팁으로 몇 달러 정도의 돈을 놓고 나오는 것이 좋다.

📢 USEFUL EXPRESSIONS

01 What's the check out time?

02 This is Room 201.

03 I'd like to check out now.

04 Please get my bill ready.

05 I'm going to leave one night earlier.

06 Would you send up a bellboy for my baggage?

07 I'd like to stay one more night.

08 Would you call a cab for me?

09 Where can I catch a limousine?

---

01 체크아웃하는 시간이 몇 시죠?
02 201호실입니다.
03 지금 체크아웃길 원합니다.
04 계산서를 준비해 주세요.
05 하룻밤 일찍 떠나려고 합니다.
06 제 짐을 들고 갈 보이 좀 올려 보내 주시겠어요?
07 하룻밤 더 묵고 싶습니다.
08 저를 위해 택시 좀 불러주시겠어요?
09 어디에서 리무진을 탈 수 있나요?

DIALOGUE ①

A: Front Desk. Can I help you?

B: This is Miss Yu in Room 201. I'm checking out soon.

A: Yes, ma'am.

B: Please get my bill ready.

A: 프런트입니다. 도와드릴까요?
B: 저는 201호실에 있는 미스 유입니다.
곧 체크아웃(퇴실) 하려고 하는데요.
A: 예, 알겠습니다.
B: 계산서 좀 준비해 주세요.

- **check in**은 호텔이나 여관의 **front**에서 투숙하기 위한 절차를 밟는 것이며, 호텔을 나가는 절차를 밟는 것을 **check out**이라 한다. 비행기의 탑승 절차를 밟는 것도 **check in**이라고 한다.
- **The toilet doesn't flush well.** 화장실 물이 잘 내려가지 않습니다.
- **I've lost my key.** 열쇠를 잃어 버렸습니다.
- **The TV doesn't work.** TV가 나오지 않습니다.
- **The air-conditioner is broken.** 에어컨이 고장입니다.
- **Laundry Service, please.** 세탁 서비스를 부탁합니다.

DIALOGUE ②

A: I'd like to have a wake-up call at 6, please.
B: May I have your name and room number?
A: My name is Yun-hee Kim and my room number is 301.
B: Thank you. We'll call you at six.

A: 6시에 전화로 깨워주세요.
B: 성함과 방 번호는요?
A: 제 이름은 김윤희고요 301호실입니다.
B: 감사합니다. 6시에 전화 드릴게요.

WORDS

- bill [bil] 계산서
- early [ə́ːrli] 일찍
- cab [kæb] 택시
- limousine [líməzìːn] 고급 대형 자동차, 공항버스
- ready [rédi] 준비가 된
- earlier 더 일찍
- wake up 깨우다

 Track 57

Unit 07

Where is a pay phone (public phone)?

공중전화는 어디에 있습니까?

외국에서 한국으로 공중전화를 이용해 전화 거는 방법은 해당 국가 공중전화의 국제전화 접속번호를 누릅니다. (예: 미국/캐나다 011, 일본은 010 등) → 82(한국 국가번호)를 입력합니다. → 번호의 앞자리 0을 제외한 한국 지역번호와 상대방 전화번호를 차례로 입력합니다.

USEFUL EXPRESSIONS

01 Hello. This is Carol.
02 Can I speak to Mary?
03 Is this Tom?
04 Speaking.
05 Who's calling, please?
06 Hold on a minute, please.
07 The line is busy.
08 May I leave a message?
09 Can I take a message?
10 You have the wrong number.
11 He is not here(He is out).

01 여보세요. 저는 캐럴인데요.
02 메어리 좀 바꿔주세요.
03 탐이에요?
04 전데요.
05 누구세요?
06 끊지 말고 잠시 기다려 주세요.
07 통화중입니다.
08 메시지를 남겨도 될까요?
09 전하실 말씀 있으세요?
10 잘못 거셨습니다.
11 그는 여기에 없습니다
   (그는 외출했습니다).

DIALOGUE ①

A: Hello. This is In-su.
  Can I speak to Susan?
B: Please hold on a moment.
  I'll tell her you're calling.
A: Thank you.

A: 여보세요. 저는 인수라고 하는데요.
  수잔 좀 바꿔주시겠어요?
B: 끊지 말고 잠시 기다리세요.
  그녀한테 전화 왔다고 전할게요.
A: 고맙습니다.

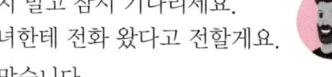

 FURTHER STUDY

- **collect call**(수신자 부담 통화): 전화를 받는 사람이 요금을 지불하는 것으로, 현금 분실 등의 경우에 이용할 수 있는 장점이 있다.
- **I'd like to make an international call to Seoul, Korea.**
  한국 서울로 국제 통화를 하고 싶습니다.

DIALOGUE ②

A: Operator. May I help you?

B: This is Mr. Kim in Room 201.
I'd like to make a call to Korea.

A: May I have the name and the phone number of the person you want to talk to?

B: Yong-hee and the phone number is 02-863-5977.

A: 교환입니다. 말씀하세요.
B: 저는 201호실에 있는 김입니다.
   한국으로 통화하고 싶습니다.
A: 원하시는 분의 이름과 전화번호를 말씀해 주시겠어요?
B: 이름은 용희구요, 전화번호는 02-863-5977입니다.

 **WORDS**

- **hold on** (전화를 끊지 않고) 기다리다
- **wrong** [rɔːŋ] 잘못된
- **make a call** 통화하다
- **local call** 시내통화
- **message** [mésidʒ] 전하는 말
- **operator** [ɑpəreitər] 교환
- **person** [pə́ːrsən] 사람, 인물
- **long distance call** 장거리통화

 Track 58

Unit 08

How can I make a collect call?

수신자 부담 통화는 어떻게 걸죠?

외국에 갔을 때 돈이 부족할 때는 고국에 있는 집으로 수신자 부담 전화를 걸 수가 있다. 돈이 없을 때도 이용할 수 있는 장점이 있다.

📢 USEFUL EXPRESSIONS

01 You can make a collect call to Korea.

02 What number and to whom do you wish to speak?

03 You have a collect call from In-su Kim.

04 There's a collect call from Mr. Kim.

05 Will you accept it?

06 Will you accept the charge?

07 Are collect calls expensive?

08 Collect calls are the same as person-to-person calls.

09 I'd like to make a collect call to Seoul, Korea.

---

01 당신은 한국으로 수신자 부담 통화를 할 수가 있습니다.
02 몇 번, 누구와 통화하길 원하세요?
03 김인수로부터 콜렉트 콜입니다.
04 미스터 김으로부터 콜렉트 콜입니다.
05 받으시겠어요?
06 요금을 받아들이시겠어요(내시겠어요)?
07 콜렉트 콜은 요금이 비쌉니까?
08 콜렉트 콜은 지명통화와 요금이 같습니다.
09 나는 한국 서울로 콜렉트 콜을 하고 싶습니다.

DIALOGUE ①

A: Hello, I'd like to make a collect call to Seoul, Korea.

B: What number and to whom do you wish to speak?

A: 02-232-1324, In-soo Kim.

B: What's your name?

A: My name is Yong-soo Kim.

A: 여보세요. 한국 서울에 콜렉트 콜 하길 원합니다.
B: 몇 번, 누구와 통화하길 원하시죠?
A: 02-232-1324의 김인수입니다.
B: 당신 이름은 뭐죠?
A: 제 이름은 김용수입니다.

- **collect call:** 수신자 부담 통화, 전화를 받는 쪽에서 요금을 지불해야 됨.
- **person-to-person call:** 지명통화, 통화하고자 원하는 사람을 교환에게 신청하여 하는 통화, 원하는 사람이 없으면 요금을 안 냄.

DIALOGUE ②

A: Hello.

B: Is this Mr. In-soo Kim?

A: Speaking.

B: You have a collect call from Mr. Yong-soo Kim.

Will you accept it?

A: Yes.

A: 여보세요.
B: 김인수씨입니까?
A: 전데요.
B: 김용수씨로부터 콜렉트 콜입니다.
　받으시겠어요?
A: 예.

- **expensive** [ikspénsiv] 비싼
- **wish** [wiʃ] 원하다
- **make a collect call** 수신자 부담 통화를 하다
- **accept** [æksépt] 수락하다
- **charge** [tʃɑːrdʒ] 요금

Track 59

Unit 09

Where can I get on a bus?

어디에서 버스를 탈 수 있죠?

유명한 관광지에는 대개 명소만을 골라 운행하는 관광버스들이 있다. 직접 관광버스 회사에 연락하여 이용할 수도 있고 호텔 프런트에 부탁해서 이용할 수도 있다. 상당기간 한 지역에 체류하여 시내버스를 이용할 때는 버스노선 지도를 구입하고 1개월용 버스표를 사서 이용하면 비용이 저렴하고 편리하다.

USEFUL EXPRESSIONS

01 I want to take a sightseeing bus.

02 How long does it take by bus?

03 May I have a bus route map?

04 Is this the bus to Joyce?

05 Where can I catch the bus to Oxford?

06 How often is the No. 40 bus?

07 Which bus goes to Cambridge?

08 Where can I get a bus ticket?

09 I'll get off at the next bus stop.

10 How much is the fare to Oxford?

11 Can I have a transfer ticket, please?

---

01 저는 관광버스 타기를 원합니다.
02 버스로 얼마나 걸리죠?
03 버스노선 지도 있나요?
04 이게 조이스로 가는 버스입니까?
05 옥스퍼드로 가는 버스를 어디서 탈 수 있나요?
06 40번 버스는 얼마나 자주 오죠?
07 어느 버스가 케임브리지로 가죠?
08 버스표는 어디서 살 수 있나요?
09 다음 버스 정류장에서 내리겠습니다.
10 옥스퍼드까지는 요금이 얼마죠?
11 갈아타는 표를 주시겠어요?

DIALOGUE ①

A: Does this bus go to Oxford?

B: Yes, sir.

A: Could you tell me when we arrive there?

B: Sure. Don't worry.

A: Thank you.

A: 이 버스 옥스퍼드로 갑니까?
B: 예.
A: 그곳에 도착하면 저에게 말씀해 주실 수 있을까요?
B: 그럼요. 걱정 마세요.
A: 고맙습니다.

- **route** 길, 노선
- **fare** 요금
- **transfer ticket**(갈아타는 표): 버스를 타면 승차자가 원하는 경우 운전기사가 갈아타는 표를 주는 나라들이 있다. 그러면 일정한 시간 이내에 그 표로 다른 버스를 갈아탈 수 있다.

DIALOGUE ②

A: Where is the nearest bus stop?

B: Over there.

A: Does this bus go to Cambridge Street?

B: Yes, it does.

A: Here is a bus ticket.

A: 가장 가까운 버스정류장이 어디에 있죠?
B: 저 건너에 있습니다.
A: 이 버스가 케임브리지 스트리트에 갑니까?
B: 예, 그렇습니다.
A: 여기 버스표 있습니다.

- sightseeing bus 관광버스
- get off 내리다
- bus ticket 버스표
- near [niər] 가까운
- get on 타다
- arrive [əráiv] 도착하다
- bus stop 버스 정류장

Track 60

Unit 10

Could you suggest a good restaurant?

좋은 레스토랑을 권해 주시겠어요?

레스토랑은 고급, 패밀리, 패스트푸드 레스토랑 등이 있다. 고급 레스토랑은 비즈니스나 축하연회 등을 위해 가는 곳으로 예약을 하고 정장을 하는 것이 좋다. 패밀리 레스토랑은 가족이나 친구들과 갈 수 있는 곳으로 정장이나 예약을 하지 않아도 된다. 패스트푸드 레스토랑이나 카페테리아는 보통 식사만을 위해서 가는 곳으로 비용이 저렴하다.

📢 USEFUL EXPRESSIONS

01 Can you recommend a good restaurant near here?
02 What kind of food would you like to eat?
03 Would you show me the menu?
04 What is the specialty of this restaurant?
05 What's today's special?
06 We don't have a reservation.
07 Do you have a table for three?
08 Smoking or non?
09 Non-smoking, please.
10 Are you ready to order?
11 I'll have the same.

01 이 근처에 괜찮은 레스토랑을 소개해 주실래요?
02 어떤 종류의 음식을 드시겠어요?
03 메뉴 좀 보여 주시겠어요?
04 이 레스토랑에서 잘하는 요리는 뭐죠?
05 오늘의 특별 요리는 뭐죠?
06 우리는 예약을 하지 않았습니다.
07 3인석 식탁 있습니까?
08 흡연석으로 할까요, 금연석으로 할까요?
09 금연석으로 주세요.
10 주문할 준비 되셨나요?
11 같은 걸로 들겠습니다.

DIALOGUE ①

A: I'd like to make a reservation for tonight, at eight, for two.
B: Your name, please.
A: Mi-ja Lee.
B: What's your phone number?
A: 785-1234

A: 오늘밤 8시에 2명을 예약하고 싶습니다.
B: 성함이 어떻게 되시죠?
A: 이미자입니다.
B: 전화번호는 몇 번이죠?
A: 785-1234입니다.

FURTHER STUDY

- 스테이크 구이는 3종류가 있는데, **rare**는 핏기가 남을 정도로 살짝 구운 것이고, **medium**은 적당히 구운 것이며, **well-done**은 잘 구운 것이다. 한국인들은 **well-done**을 좋아한다.
- **Let's go Dutch.** 각자 냅시다.
- **Please be my guest.** 제가 한턱 내겠습니다.
- **How would you like your eggs?** 달걀을 어떻게 해드릴까요?

DIALOGUE ②

A: Are you ready to order?
B: What's today's special?
A: T-bone steak, with soup or salad.
B: That sounds good. Well-done, please, and I'll have the salad with thousand island dressing.

A: 주문할 준비 되셨습니까?
B: 오늘의 특별요리는 뭐죠?
A: 스프나 샐러드가 나오는 티본 스테이크입니다.
B: 좋습니다. 완전히 익혀주세요.
 싸우전드 아일런드 드레싱을 친 샐러드를 들겠습니다.

 **WORDS**

- recommend[rèkəménd] 권장하다, 추천하다
- suggest[səgdʒést] 권하다, 제안하다
- specialty[spéʃəlti] 장기, 특기, 자랑할 만한 것
- special[spéʃəl] 특별요리
- Sunny side up, please. (달걀을) 한쪽만 익혀주세요.
- Over easy, please. (달걀을) 양쪽 다 익혀주세요.

 Track 61

Unit 11

Could you tell me where the Tourist Information Office is?

관광안내소가 어디에 있는지 가르쳐 주시겠습니까?

해외 여행 중에는 인터넷이 안 되더라도 사용할 수 있는 오프라인 지도 앱과 실시간 길찾기·대중교통 정보가 정확한 앱을 함께 준비해두면 유용하다. 오프라인 사용에 강한 지도 앱으로는 Google Maps (구글 지도)가 있고, 교통·길찾기 특화 앱으로는 Citymapper가 있다.

📢 USEFUL EXPRESSIONS

01 Excuse me, could you tell me the way to the park?

02 Will you show me the way to the post office?

03 I am a stranger here.

04 Where am I?

05 Where is the subway station?

06 Is there a public toilet near here?

07 How can I get there?

08 Take the subway train over there.

09 How far is it?

10 It's about a 5 minute walk.

11 Go straight on this road and turn right at the intersection.

01 실례합니다만, 공원 가는 길 좀 가르쳐 주시겠어요?
02 우체국으로 가는 길을 가르쳐 주시겠어요?
03 저는 이곳이 초행입니다.
04 제가 어디에 있는 거죠?
05 지하철역이 어디에 있죠?
06 이 근처에 공중 화장실이 있습니까?
07 거기에 어떻게 가야 되나요?
08 저쪽에서 지하철을 타세요.
09 얼마나 멀죠?
10 걸어서 5분 정도 걸립니다.
11 이 길을 곧장 가서 교차로에서 오른쪽으로 도세요.

DIALOGUE ①

A: Excuse me. Is there a bookstore near here?

B: Yes. There's one next to the post office.

A: How do I get there?

B: Go down this street to the signal. Then turn right.

A: 실례지만, 이 근처에 서점 있나요?
B: 예, 우체국 옆에 있습니다.
A: 그곳에 어떻게 가죠?
B: 신호등이 나올 때까지 이 길을 내려가세요. 그리고 오른쪽으로 도세요.

FURTHER STUDY

- **Do you have a map of this town?** 이 마을의 지도가 있나요?
- **next to~** ~의 옆에
- **across from~** ~의 건너편에
- **in front of~** ~앞에
- **Go straight.** 곧장 가세요.
- **Turn left.** 왼쪽으로 도세요.
- **I am lost.** 저는 길을 잃었어요.
- **Did I pass Broadway?** 제가 브로드웨이를 지나 왔나요?

DIALOGUE ②

A: I'm afraid I've lost my way. Where are we?
B: We're near the National Museum.
A: Where is the Hilton Hotel?
B: It's across from the National Museum.
A: Thanks a lot.

A: 제가 길을 잃은 것 같군요. 여기가 어디죠?
B: 국립박물관 근처입니다.
A: 힐튼 호텔은 어디에 있죠?
B: 국립박물관 건너편에 있습니다.
A: 대단히 감사합니다.

- map [mæp] 지도
- overpass [ðuvərpǽs] 육교
- gas station 주유소
- shopping mall 상점가
- traffic light 교통신호등
- intersection [ìntərsékʃən] 교차로
- hospital [hɑspitl] 병원
- library [láibrèri] 도서관

 Track 62

Unit 12

Are there any historical sites?
사적지들이 있습니까?

관광명소를 입장할 때 복장을 규제하는 나라들이 있다. 따라서 정장 한 벌 정도는 준비하는 것이 편리하다. 노출이 심한 복장은 특히 사원 등을 들어갈 때 규제의 대상이 되기가 쉽다.

📢 USEFUL EXPRESSIONS

01 Could you tell me some interesting places?

02 Do you have a sightseeing brochure?

03 What kind of tours do you have?

04 Is it possible to hire a guide?

05 What should I see in this city?

06 Do you have a Korean speaking guide?

07 Where can I see the view of the whole city?

08 How can I get there?

09 How much does the tour cost?

10 May I take pictures here?

11 What time does the tour start?

---

01 흥미로운 곳 몇 군데를 말씀해 주실래요?
02 관광안내서가 있습니까?
03 어떤 종류의 관광들이 있습니까?
04 가이드를 고용하는 것이 가능한가요?
05 이 도시에서는 뭘 보아야 할까요?
06 한국말을 하는 가이드가 있나요?
07 어디에서 시전경을 볼 수 있나요?
08 그곳엔 어떻게 갈 수 있죠?
09 그 관광은 요금이 얼마죠?
10 여기서 사진을 찍어도 됩니까?
11 몇 시에 관광이 시작되나요?

DIALOGUE ①

A: What should I see in this city?

B: Is this your first visit?

A: Yes.

B: There is a famous museum nearby.

A: How far is it from here?

B: It's about a 15 minute walk.

A: Thank you.

A: 이 도시에서는 뭘 봐야 될까요?
B: 이번이 처음 방문이세요?
A: 예.
B: 근처에 유명한 박물관이 있습니다.
A: 여기서 얼마나 멀죠?
B: 걸어서 약 15분 거리예요.
A: 고맙습니다.

FURTHER STUDY

- **brochure** 팜플렛
- **famous** 유명한
- **adult** 성인
- **take a picture** 사진을 찍다
- **admission** 입장, 입장료, 입국
- **museum** 박물관
- **picture** 사진, 그림

DIALOGUE ②

A: How much is the admission?

B: It's 7 dollars for adults.

A: Do you have a guide for us?

B: Yes, of course.

A: Can I take pictures here?

B: No, you can't.

A: 입장료가 얼마죠?
B: 성인은 7달러입니다.
A: 우리들을 위한 안내자가 있나요?
B: 예, 물론입니다.
A: 여기서 사진을 찍어도 되나요?
B: 안됩니다.

WORDS

· interesting [íntəristiŋ] 흥미있는
· tour [tuər] 여행
· place [pleis] 장소
· sightseeing [sáitsì:iŋ] 관광
· visit [vízit] 방문
· whole [houl] 전체의

 Track 63

Unit
13

May I try it on?
입어봐도 될까요?(끼어봐도 될까요?)

의류나 보석은 판매원에게 부탁을 하고 입어보거나 끼어볼 수 있다. 허락없이 착용하지 않도록 주의해야 한다. 산 물건을 수 일 뒤에 교환이나 환불을 원할 때는 반드시 영수증을 지참하고 요구해야 한다. 미국은 대체로 환불제도가 잘 되어 있어서 별문제 없이 가능할 것이다. 물건의 배달을 원할 때는 별도의 비용이 드는지 확인해야 한다.

USEFUL EXPRESSIONS

01 Can I try this on?

02 Where is the fitting room?

03 What size do you wear?

04 I'm not sure of my size.

05 It seems a little long.

06 Can you adjust the length?

07 This shirt looks good on you.

08 The sleeves are too short.

09 It's too loose.

10 I'd like to return this.

11 Could I get a refund on this?

12 I'd like to exchange this for that.

---

01 한번 입어봐도 될까요?
02 탈의실이 어디죠?
03 몇 사이즈를 입으시죠(신으세요)?
04 내 사이즈를 잘 모르겠습니다.
05 길이가 좀 긴 것 같군요.
06 길이를 고쳐주시겠어요?
07 이 셔츠는 당신에게 잘 어울립니다.
08 소매가 너무 짧군요.
09 너무 헐렁하네요.
10 이것을 반품하고 싶은데요.
11 이걸 환불할 수 있을까요?
12 이걸 저것으로 교환해 주세요.

DIALOGUE ①

A: I'd like this kind of shirt.

B: What size do you wear?

A: I'm not sure.

B: A size 5 might fit you.

A: Would you like to try this on?

B: Sure.

A: 이런 종류의 셔츠를 좋아합니다.
B: 사이즈가 얼마죠?
A: 잘 모르겠는데요.
B: 사이즈 5가 맞을 것 같군요.
A: 이걸 입어보시겠어요?
B: 그러죠.

FURTHER STUDY

· **This is too showy for me.** 이건 나에게 너무 야하군요.
· **How about this size?** 이 사이즈는 어때요?
· **It's just right.** 딱 맞네요.
· **That's a rip-off.** 바가지 쓰셨군요.

DIALOGUE ②

A: Could you show me some gold rings?
B: How about this one?
A: How many carats(karats) is it?
B: It's 14 carats.
A: May I try it on.
B: Yes, of course.

A: 금반지 좀 보여주시겠어요?
B: 이건 어떨까요?
A: 그건 몇 캐럿이죠?
B: 14캐럿입니다.
A: 끼어봐도 될까요?
B: 물론이죠.

 WORDS

- fitting room 탈의실
- sleeve [sli:v] 소매
- fit [fit] ~에 맞다, 적합하다
- cosmetic [kɑzmétik] 화장품
- adjust [ədʒʌ́st] 조정하다, 맞추다
- loose [lu:s] 느슨한
- try [trai] 노력하다
- wallet [wɑ:lit] 지갑

Track 64

Unit 14

Do we need anything from the supermarket?

슈퍼마켓에서 사올 게 있을까요?

슈퍼마켓에서 물건을 살 때는 각 통로에 있는 표시를 보고 찾으면 매우 편리하다. 다양한 생활용품들의 명칭을 영어로 아는 것이 긴요할 것이다.

USEFUL EXPRESSIONS

01 The shopping list is on the refrigerator.

02 We need some bread.

03 Don't forget to buy some cheese.

04 Do we need any meat?

05 Where can I find Juice?

06 In which aisle can I find fruit?

07 It's in the next aisle.

08 It's out of stock.

09 That brand is all sold out.

10 You'll find them in aisle number three.

11 It's along that wall.

---

01 쇼핑 목록이 냉장고 위에 있어요.
02 우리는 약간의 빵이 필요합니다.
03 치즈 사는 것 잊지 마세요.
04 고기는 필요해요?
05 쥬스 종류는 어디에 있죠?
06 과일은 어느 통로에 있죠?
07 그것은 다음 통로에 있습니다.
08 그것은 품절입니다.
09 그 브랜드는 모두 품절입니다.
10 그것들은 3번 통로에 있어요.
11 그것은 저 벽을 따라 있습니다.

DIALOGUE ①

A: Do we need anything from the supermarket?

B: Yes. We need some bread.

A: Some bread?

B: Yes.

A: Anything else?

B: No. Just some bread.

A: 슈퍼마켓에서 사올 게 있나요?
B: 예, 약간의 빵이 필요해요.
A: 약간의 빵요?
B: 예.
A: 다른 건요?
B: 없어요. 빵만 필요해요.

FURTHER STUDY

- **Frozen foods** 냉동식품
- **fresh produce** 신선한 식료품
- **cereal** 곡물식품
- **toothpaste** 치약
- **don't forget to~** 잊지 말고 ~하다
- **dairy products** 유제품, 낙농제품
- **fish** 생선
- **canned goods** 통조림류
- **baby food** 유아 식품

DIALOGUE ②

A: How much do a dozen eggs cost?
B: Two dollars twenty-five cents.
A: That's a lot of money.
B: You're right.
   Eggs are very expensive this week.

A: 달걀 한 줄(12개)에 얼마죠?
B: 2달러 25센트예요.
A: 비싸네요.
B: 당신 말이 맞아요.
   달걀이 이번 주엔 매우 비싸요.

- list [list] 목록
- meat [miːt] 고기, 육류
- aisle [ail] 통로
- out of stock 품절인, 재고가 없는
- refrigerator [rifrídʒəréitər] 냉장고
- fruit [fruːt] 과일
- stock [stɔk] 재고품, 저장
- be sold out 매진되다

Track 65

Unit 15

I'd like to rent a car.
차를 빌리고 싶습니다.

국토가 넓은 나라는 관광지가 광대한 지역에 산재해 있으므로 차를 빌리는 것이 유용하다. 차를 빌리려면 국제면허증과 여권이 필요하다. 출발 전에 목적지를 확인하고 네비게이션에 잘 입력하도록 한다. 물론 영어로 된 교통 표지판을 읽을 수 있어야 한다.

📢 USEFUL EXPRESSIONS

01 I'd like to rent a car.

02 What kind of car would you like?

03 What size car do you need?

04 A small car.

05 A medium-sized car.

06 I'd like to rent this car for 7 days.

07 If available, I'd like an automatic.

08 A stick shift, if possible.

09 We have a standard transmission available.

10 Fine, I'll take it.

11 Does this rate include insurance?

12 Can I see a list of your rates?

13 Give me some places to call in case of trouble.

01 차를 빌리고 싶습니다.
02 어떤 종류의 차를 원하세요?
03 어떤 사이즈의 차가 필요합니까?
04 소형차를 원합니다.
05 중형차를 원합니다.
06 이 차를 7일간 빌리고 싶습니다.
07 가능하다면 오토매틱(자동)을 원합니다.
08 가능하다면 스틱 차를 원합니다.
09 수동식밖에 없습니다.
10 좋습니다. 그걸로 빌리겠습니다.
11 이 요금에 보험료가 포함되어 있나요?
12 요금표를 보여주시겠습니까?
13 사고가 났을 경우 연락처를 가르쳐 주세요.

DIALOGUE ①

A: I'd like to rent a car.

B: What size car do you need?

A: A small car.

B: How about this one?

A: Is it an automatic?

B: Yes, it is.

A: I'll take it.

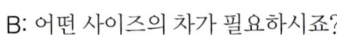
A: 차를 빌리고 싶습니다.
B: 어떤 사이즈의 차가 필요하시죠?
A: 소형차입니다.
B: 이 차는 어떠세요?
A: 오토메틱(자동)입니까?
B: 예, 그렇습니다.
A: 그걸로 빌리겠습니다.

FURTHER STUDY

- **compact car** 소형차
- **traffic signs** 교통표지
- **parking lot** 주차장
- **flat tire** 펑크난 타이어
- **large car** 대형차
- **traffic light** 교통신호
- **crosswalk** 횡단보도

DIALOGUE ②

A: I am returning a car I rented last week.
B: Could I see your contract?
A: Here it is.
B: Wait a minute, two days at $40 per day plus tax comes to $85.50.

A: 지난 주 빌린 책을 반환하고자 합니다.
B: 계약서를 보여 주시겠어요?
A: 여기 있습니다.
B: 잠깐 기다리세요. 하루에 40달러씩 이틀에 세금을 더하면 85달러 50센트입니다.

WORDS

- **automatic** [ɔ̀:təmǽtik] 자동의
- **tax** [tæks] 세금
- **stick shift** (자동차) 변속 레버, 수동변속기
- **transmission** [trænsmíʃən] 자동차의 전동장치-클러치, 기어 등
- **available** [əvéiləbəl] 이용할 수 있는
- **contract** [kɑntrækt] 계약서, 계약하다
- **international driver's license** 국제면허증

Track 66

Unit 16

I'd like to rent this apartment.

이 아파트를 빌리고 싶은데요.

외국에 가서 장기간 체류할 때 집을 세내는 일은 매우 중요하다. 이는 중개인을 통하기도 하고 안내광고를 이용하기도 한다. 학생인 경우는 기숙사를 이용하거나 가정집에서 하숙을 할 수도 있다. 본인이 해결하기 어려우면 관광업체의 도움을 받으면 된다.

📢 USEFUL EXPRESSIONS

01 How much is the rent?

02 When can I see the apartment(house).

03 Is it possible to see the house tomorrow?

04 Are utilities included in the rent?

05 Is there a maintenance fee?

06 Is a security deposit required?

07 What size apartment are you looking for?

08 How many rooms do you have in your house?

09 This apartment is available immediately.

10 This house will be vacant by the end of the month.

11 How long is the lease?

12 What furniture do you have in your living room?

01 집세는 얼마입니까?
02 언제 그 아파트(집)를 볼 수 있나요?
03 내일 집을 보는 것이 가능합니까?
04 집세에 광열비가 포함되어 있습니까?
05 관리비가 있습니까?
06 보증금이 필요합니까?
07 얼마나 큰 아파트를 찾고 있습니까?
08 당신의 집에는 방이 몇 개나 있습니까?
09 이 아파트는 즉시 들어갈 수 있습니다.
10 이 집은 월말까지는 비게 될 겁니다.
11 계약기간은 얼마 동안이죠?
12 당신의 거실에는 어떤 가구들이 있습니까?

DIALOGUE ①

A: I'd like to rent an apartment.

B: What size apartment are you looking for?

A: I'm looking for an apartment with two rooms.

B: How long do you want to live?

A: For three months.

A: 아파트를 세내고 싶습니다.
B: 어떤 크기의 아파트를 찾고 계시죠?
A: 방이 두 개 있는 아파트를 찾고 있습니다.
B: 얼마나 오랫동안 살기를 원하죠?
A: 석달동안요.

FURTHER STUDY

- Who is responsible for repairs? 수리 책임은 누가 집니까?
- washer 세탁기
- basement 지하실
- dining room 식당
- bathroom 욕실
- air conditioner 에어콘
- living room 거실
- kitchen 부엌

DIALOGUE ②

A: This is the apartment for rent. It has three rooms.
B: Is the apartment furnished?
A: Yes, the bedroom has a bed and the living room has a sofa.
B: That's great. How much is the rent?
A: It's $600 a month.

A: 이것이 세를 놓(임대할) 아파트입니다. 방은 세 개가 있습니다.
B: 아파트에 가구가 비치되어 있나요?
A: 예, 침실엔 침대가 있고 거실엔 소파가 있습니다.
B: 좋군요. 임대료가 얼마죠?
A: 한 달에 600달러입니다.

- rent[rent] 임대료, 임대하다
- utilities 광열비(가스, 수도, 전기의 사용료)
- lease[liːs] 임대차 계약서
- realtor[ríːəltər] 중개인
- garage[gərάːʒ] 차고
- maintenance fee 관리비
- security deposit 보증금
- available[əvéiləbəl] 이용할 수 있는
- furnished[fəːrniʃt] 가구가 딸린
- microwave oven 전자렌지

 Track 67

Unit 17

I'd like to send this letter to Korea.

이 편지를 한국으로 보내고 싶습니다.

호텔 프런트에서도 우푯값을 내면 편지나 엽서를 보내주는 편의를 제공하는 곳이 많다. 우표나 엽서는 우체국뿐만 아니라 관광지, 박물관, 관광지의 기념품 가게 등에서 판다. 우체통도 대개 그 근처에 있다.

📣 USEFUL EXPRESSIONS

01 Where is the post office?
02 Where is the mail box?
03 Where can I buy stamps?
04 I'd like this letter registered.
05 I'd like to send this by express mail (special delivery).
06 Airmail or seamail?
07 Airmail, please.
08 How long does it take to Korea by airmail?
09 What's the postage for this letter?
10 This is fragile(breakable).
11 How much is a postcard?

01 우체국이 어디에 있습니까?
02 우체통은 어디에 있습니까?
03 우표는 어디에서 살 수 있나요?
04 이 편지를 등기로 보내고 싶습니다.
05 이걸 속달로 보내주세요.
06 항공우편입니까, 선박우편입니까?
07 항공우편으로 보내주세요.
08 항공우편으로 한국까지 며칠이나 걸리죠?
09 이 편지의 우편요금은 얼마입니까?
10 이것은 깨지기 쉽습니다.
11 우편엽서는 얼마죠?

DIALOGUE ①

A: Good morning.
   How much does it cost to send an airmail letter to Korea?

B: Fifty cents.

A: How about a postcard?

B: Thiry five cents.

A: How long does it take to Korea?

B: About five days.

A: 안녕하세요. 한국으로 항공우편 편지를 보내는데 얼마죠?
B: 50센트입니다.
A: 우편엽서는요?
B: 35센트입니다.
A: 한국까지 얼마나 오래 걸리죠?
B: 5일 정도요.

 FURTHER STUDY

- postage 우편요금
- envelope 봉투
- handle with care 취급주의
- address 주소
- register 기록하다, 등기로 하다
- telegram 전보
- postcard 우편엽서
- paste 풀
- zip code 우편번호
- delivery 배달
- express mail 속달
- How can I send a telegram? 전보는 어떻게 치나요?

DIALOGUE ②

A: I'd like to send this package to Korea by airmail.
B: What's in it?
A: Books.
B: I see.

A: 이 소포를 항공우편으로 한국에 보내고 싶습니다.
B: 그 속에 뭐가 들었죠?
A: 책입니다.
B: 알겠습니다.

- letter [létər] 편지
- stamp [stæmp] (postage stamp) 우표
- package [pǽkidʒ] 소포
- post office 우체국
- fragile [frǽdʒəl] 깨지기 쉬운
- airmail [ɛ́ərmèil] 항공우표

Track 68

Unit 18

I'd like to open an account.

구좌를 개설하고 싶습니다.

해외에서 많은 액수의 현금을 가지고 다니는 것은 위험하다. 상당한 기간 체류할 때는 은행에 예금을 하는 것이 좋다. 은행은 여행자 수표를 현금으로 바꾼다든지, 송금을 하거나 환전을 하기 위해 이용하면 편리하다.

USEFUL EXPRESSIONS

01 I'd like to cash some traveler's checks.

02 I'd like to open an account.

03 What kind of account would you like to open?

04 I'd like to open a savings account.

05 I'm going to deposit $50.

06 I'd like to know my bank balance.

07 I'd like to transfer some money.

08 I'd like to withdraw some money.

09 Please include some change.

10 Could you exchange some won into dollars?

---

01 여행자 수표를 현금으로 바꾸고 싶어요.
02 구좌를 개설하고 싶습니다.
03 어떤 종류의 구좌를 개설하길 원하시죠?
04 보통예금 구좌를 만들고 싶습니다.
05 50달러를 예금하겠습니다.
06 예금 잔고를 알고 싶습니다.
07 송금하길 원합니다.
08 돈을 인출하길 원합니다.
09 잔돈도 섞어 주십시오.
10 원을 달러로 바꿔주실 수 있나요?

DIALOGUE ①

A: Good afternoon.
   I'd like to open an account.
B: What kind of account would you like?
A: I'd like to open a savings account.
B: Please fill out this form.
A: Sure.

A: 안녕하세요.
   구좌를 개설하고 싶습니다.
B: 어떤 종류의 구좌를 원하시나요?
A: 보통예금 구좌를 원합니다.
B: 이 양식을 작성해 주십시오.

A: 그렇게 하겠습니다.

FURTHER STUDY

- **account** 구좌
- **traveler's check** 여행자 수표
- **withdraw** 인출하다
- **exchange rate** 환율
- **savings account** 보통예금 구좌
- **transfer** 옮기다, 이전하다
- **change** 잔돈
- **sign** 서명하다

DIALOGUE ②

A: I'd like to cash some traveler's checks.

B: Can I see your passport?

A: Here you are.

B: Thank you.
   Would you sign here?

A: Yes.

A: 여행자 수표를 현금으로 바꾸고 싶습니다.
B: 여권 좀 보여주시겠습니까?
A: 여기 있습니다.
B: 감사합니다.
   여기에 서명해 주실래요?
A: 예.

- **open an account** 구좌를 개설하다
- **bank balance** 예금잔고
- **check** [tʃek] 점검, 수표
- **deposit** [dipɑzit] 예금하다
- **cash** [kæʃ] 현금, 현금으로 바꾸다
- **passport** [pǽspɔ:rt] 여권

 Track 69

Unit
19

I have a high fever.
고열이 납니다.

여행지에서는 병이 나지 않도록 각별히 주의를 해야 한다. 병이 났을 때는 병원에 가든지 호텔 프런트에 부탁해서 의사를 불러야 한다. 해외에서는 의료비가 비싼 편이므로 미리 보험에 가입해 두는 것이 좋다. 미국이나 영국에서는 의사에게 진찰을 받은 후 처방전을 받아 약국으로 간다.

📢 USEFUL EXPRESSIONS

01 I have a terrible headache.

02 Is there a hospital nearby?

03 Could you take me to the hospital?

04 Please call a doctor.

05 What's the problem? / What's wrong? / What's the matter?

06 I feel dizzy.

07 I have the chills.

08 I have a toothache.

09 I think I have a cold.

10 I have a cough.

11 I think I sprained my ankle.

12 I burned myself.

13 What symptoms do you have?

---

01 머리가 너무 아픕니다.
02 근처에 병원이 있습니까?
03 저를 병원으로 데려다 주시겠어요?
04 의사를 불러 주십시오.
05 무슨 일이죠?
06 현기증이 납니다.
07 오한이 납니다.
08 이가 아픕니다.
09 감기에 걸린 것 같습니다.
10 기침이 납니다.
11 발목을 삔 것 같습니다.
12 데었습니다.
13 어떤 증상이 있습니까?

DIALOGUE ①

A: Would you call a doctor for me?

B: What's the problem?

A: I have a bad stomachache.

B: All right.
I'll send a doctor to your room as soon as possible.

A: Thank you so much.

A: 저를 위해 의사를 불러 주시겠어요?
B: 무슨 일이에요?
A: 배가 무척 아파요.
B: 알겠습니다.
   될 수 있는대로 빨리 당신 방으로 의사를 보내드리죠.
A: 대단히 감사합니다.

FURTHER STUDY

- **hospital** 병원
- **symptom** 증상
- **stomachache** 복통
- **diarrhea** 설사
- **pain** 통증
- **drugstore, pharmacy** 약국
- **prescription** 처방전
- **painkiller** 진통제
- **vomitting** 구토

DIALOGUE ②

A: What's the matter?
B: I have the chills.
A: When did it start?
B: Since last night.
A: Take this prescription to the pharmacy.

A: 어디가 불편하시죠?
B: 오한이 납니다.
A: 언제부터 그러셨죠?
B: 어제 밤부터요.
A: 이 처방전을 약국에 가져가세요.

WORDS

- fever [fíːvər] 열
- problem [prɑbləm] 문제
- chill [tʃil] 냉기, 오한
- headache [hédèik] 두통
- dizzy [dízi] 현기증이 나는
- wrong [rɔːŋ] 그릇된, 잘못된

 Track 70

Unit 20

I have a terrible toothache.

저는 치통이 심합니다.

외국에서 병원에 갈 경우는 예약을 하고 가는 것이 원칙이다. 특히 치과의 경우에는 생명의 위협이 당장 있는 경우가 거의 없으므로 예약을 하지 않고 가면 즉시 치료받기가 곤란하다.

📢 USEFUL EXPRESSIONS

01 I want to see the dentist.

02 I've got a toothache.

03 Do you have an appointment?

04 I feel awful.

05 It's very urgent.

06 The dentist is very busy at the moment.

07 Open your mouth wide.

08 Can't the dentist see me now?

09 I'm afraid that he can't.

10 You'd better have your bad tooth pulled out.

11 Please relieve me from any pain.

---

01 치과의사의 진찰을 받고 싶습니다.
02 이가 아픕니다.
03 예약을 하셨습니까?
04 끔찍하게 아픕니다.
05 매우 시급합니다.
06 의사는 지금 매우 바쁘십니다.
07 입을 크게 벌리세요.
08 의사가 지금 저를 진찰할 수 없나요?
09 못하실 것 같은데요.
10 충치를 빼는 편이 좋겠습니다.
11 고통을 좀 덜어주세요.

DIALOGUE ①

A: I'd like to see the dentist.
B: Do you have an appointment?
A: No, I don't.
B: Is it urgent?
A: Yes, I feel terrible.

A: 치과의사를 뵙고 싶습니다.
B: 예약을 하셨나요?
A: 아닙니다.
B: 급하세요?
A: 예, 끔찍히 아픕니다.

FURTHER STUDY

- **urgent** 긴급한
- **relieve** 고통을 완화시키다
- **patient** 환자
- **pull out** 빼다, 뽑다
- **pain** 고통
- **The doctor is now engaged with another patient.**
  의사는 지금 다른 환자를 보고 계십니다.

DIALOGUE ②

A: I have a terrible toothache.
   Can I see the dentist now?
B: Sorry. He is very busy at the moment.
A: Please relieve me from the pain.
   I feel very awful.

A: 이가 심하게 아픕니다.
   지금 치과의사를 뵐 수 있을까요?
B: 미안하지만, 지금 매우 바쁘십니다.

A: 통증을 좀 덜어주세요.
   지독하게 아픕니다.

- **terrible** [térəbəl] 끔찍한, 무서운
- **dentist** [déntist] 치과의사
- **appointment** [əpɔ́intmənt] 약속, 임명
- **toothache** [túːθèik] 치통
- **at the moment** 지금
- **awful** [ɔ́ːfəl] 무서운, 지독한

 Track 71

Unit 21

Where is the pharmacy(drugstore)?
약국이 어디에 있습니까?

외국 여행을 떠날 때는 현지에서 약을 구입하는 것이 번거로우므로 미리 구급약이나 자신의 질병에 필요한 약을 준비하는 것이 편리하다. 불가피하게 지병 중에 여행을 하게 된다면 한국 의사에게서 영문 처방전을 준비하는 것도 좋다.

📢 USEFUL EXPRESSIONS

01 May I have a prescription?
02 I'd like this prescription filled.
03 Can I get this prescription filled here?
04 I'd like some medicine for indigestion.
05 How often do I take this?
06 Three times a day after(before) meal, please.
07 See a doctor, please.
08 What food should I avoid?
09 Can I continue my trip?

01 처방전을 주시겠어요?
02 이 처방전을 조제해 주십시오.
03 이 처방전의 약을 여기서 조제할 수 있나요?
04 소화제 좀 주십시오.
05 얼마나 자주(몇 시간 간격으로) 복용합니까?
06 하루에 세 번 식후(식전)에 복용하세요.
07 의사에게 가 보십시오.
08 어떤 음식을 피해야 합니까?
09 여행을 계속할 수 있습니까?

DIALOGUE ①

A: I'd like this prescription filled.

B: Wait a minute, please.
   Here it is.

A: How often should I take the medicine?

B: Every 6 hours.

A: 이 처방전으로 약을 조제하고 싶습니다.
B: 잠깐 기다리세요.
   여기 있습니다.
A: 약을 몇 시간마다 먹어야 하나요?
B: 여섯 시간마다 드세요.

 FURTHER STUDY

- **tablet** 정제
- **digestive** 소화제
- **laxative** 변비약
- **three times a day** 하루에 세 번
- **binding medicine** 설사약
- **febrifuge** 해열제
- **every 6 hours** 6시간마다
- **take one tablet** 한 알을 복용하다

DIALOGUE ②

A: Good afternoon.
   I have a stomachache.
B: Do you have a prescription?
A: No, I don't.
   I'd like some medicine for indigestion.
B: Please take two tablets after each meal.

A: 안녕하세요.
   배가 아픈데요.
B: 처방전이 있습니까?
A: 아니오.
   소화제 좀 주십시오.
B: 식후 두 알씩 드세요.

- pharmacy [fɑːrməsi], drugstore [drʌ́gstɔ̀ːr] 약국
- prescription [priskrípʃən] 처방전
- medicine [médəsən] 약
- indigestion [ìndidʒéstʃən] 소화불량
- every + 복수명사 ~마다
  ex) every 6 hours 6시간마다

 Track 72

Unit 22

My handbag was stolen.

핸드백을 도둑맞았어요.

여권이나 신용카드 등은 분실에 주의를 해야 한다. 만일의 경우에 대비해서 고유번호를 기록해 두는 것이 편리하다. 번화가나 지하철 등에서는 특히 주의를 해야 한다. 호텔 내에서의 분실은 프런트에 알리도록 한다.

USEFUL EXPRESSIONS

01 Help me.

02 Call the police, please.

03 Where is the lost and found?

04 What's up?

05 My wallet was picked.

06 I lost my passport.

07 I've been robbed.

08 Did you see who did it?

09 I don't remember.

10 Can you identify him?

11 When did you lose it?

12 I lost my wallet which contains my credit cards.

01 도와주세요.
02 경찰을 불러주세요.
03 분실물 신고소는 어디에 있죠?
04 무슨 일이 생겼죠?
05 지갑을 소매치기 당했어요.
06 여권을 분실했습니다.
07 강도(도난)를 당했어요.
08 범인을 보셨나요?
09 기억이 안나요.
10 그를 알아볼 수 있습니까?
11 그걸 언제 분실했습니까?
12 신용카드가 들어 있는 지갑을 잃어버렸어요.

DIALOGUE ①

A: I lost my handbag.

B: Where did you lose it?

A: I left it at this restaurant.

B: What color is your bag?

A: It's red.

B: Is this your bag?

A: Yes, it's mine.

A: 핸드백을 분실했습니다.
B: 어디에서 분실하셨죠?
A: 이 레스토랑에 놓아두었습니다.
B: 당신의 가방은 무슨 색이죠?
A: 빨간색인데요.
B: 이게 당신의 가방인가요?
A: 예, 제 것입니다.

FURTHER STUDY

- **robbed** 강탈당한
- **knifed** 칼에 찔린
- **Keep quiet or I'll shoot.** 조용히 해, 그렇지 않으면 쏠거야.
- **raped** 강간당한
- **the police station** 경찰서

DIALOGUE ②

A: My wallet is picked.

B: Where did it happen?

A: In the lobby of the Hilton hotel.

B: Did you see who did it?

A: I can't remember.

B: How many were there?

A: Two people.

A: 지갑을 소매치기 당했습니다.
B: 어디에서 그랬죠?
A: 힐튼호텔 로비에서요.
B: 범인을 보았습니까?
A: 기억이 안나요.
B: 몇 명이었나요?
A: 두 명이었습니다.

WORDS

- **steal**[stiːl] 훔치다(steal-stole-stolen)
- **the lost and found** 분실물 신고소
- **pick**[pik] 지갑 등을 ~에서 빼내다
- **identify**[aidéntəfài] ~을 확인하다, ~을 식별하다
- **passport**[pǽspɔ̀ːrt] 여권
- **wallet**[wːɑlit] (접는 식의)큰 지갑

Track 73

Unit 23

Would you mind taking a picture of us?

우리들 사진 좀 찍어 주실래요?

관광지에서 사진을 찍으려면 촬영이 가능한지를 미리 알아본 뒤에 찍는 것이 좋다. 외국인에게 촬영을 부탁해도 친절히 응해주는 것이 보통이므로 서슴지 말고 부탁하여 아름다운 추억을 많이 남기기 바란다.

📣 USEFUL EXPRESSIONS

01 Can I take a picture here?

02 Just press the button.

03 Do I need to focus?

04 No, it will focus automatically.

05 Can I use a flash here?

06 Would you mind taking a picture with me?

07 Could you take my picture in front of the statue?

08 Are you ready?

09 Say cheese.

---

01 여기서 사진을 찍어도 됩니까?
02 버튼만 눌러주세요.
03 초점을 맞출 필요가 있습니까?
04 아니요, 자동으로 초점이 맞춰집니다.
05 여기서 플래쉬를 사용해도 됩니까?
06 저와 함께 사진 한 장 찍겠어요?
07 조각상 앞에서 제 사진을 찍어 주시겠습니까?
08 준비됐습니까?
09 치즈라고 말하며 미소를 지으세요.

DIALOGUE ①

A: Would you mind taking a picture of us in front of the tower?

B: No, not at all.
Do I need to focus?

A: No, just press this button.

A: 그 탑 앞에서 우리들 사진을 찍어 주시겠어요?
B: 예, 그러지요.
    초점을 맞출 필요가 있나요?
A: 아니에요, 이 버튼만 눌러 주세요.

- **focus** 초점, 초점을 ~에 맞추다
- **statue** 조각상
- **monument** 기념비
- **automatically** 자동으로
- **tower** 탑
- **temple** 사원, 신전

DIALOGUE ②

A: Excuse me.
   Could you take a picture?
B: Sure.
   Do I need to focus?
A: No, it will focus automatically.
B: Say cheese.
A: Thanks a lot.

A: 실례지만 사진 좀 찍어 주시겠어요?
B: 그렇게 하지요.
   초점을 맞출 필요가 있나요?
 A: 아니에요, 자동으로 맞춰집니다.
B: 치즈라고 말씀하세요.
A: 고맙습니다.

 WORDS

- **picture** [píktʃər] 사진, 그림
- **take a picture** 사진을 찍다
- **press** [pres] 누르다
- **need to** 할 필요가 있다
  ex) You need to come here. 당신은 여기에 올 필요가 있다.

 Track 74

Unit 24

Could I enlarge this picture?

이 사진을 확대할 수 있을까요?

사진관에서 사진을 확대하거나 현상하고자 할 때 사진에 관한 용어들을 영어로 아는 것이 매우 편리할 것이다. 우리는 cm, m, km를 쓰지만 미국인들은 inches, feet, yard를 쓴다. 이 점에 주의하여 대화하기 바란다.

📢 USEFUL EXPRESSIONS

01 Can I have this photo enlarge?

02 Do you have the negative with you?

03 What size would you like?

04 6×8.

05 Just develop the negatives.

06 How long will it take to develop this picture?

07 You can pick it up tomorrow morning.

08 We have an express service but it's a little expensive.

09 I'll have the regular service.

10 Can you repair this camera?

11 I'd like to buy some film.

01 이 사진을 확대해 주실 수 있나요?
02 필름 가지고 오셨나요?
03 어떤 사이즈를 원하시나요?
04 가로 6인치 세로 8인치입니다.
05 필름을 현상만 해 주십시오.
06 이 사진을 현상하는 데 시간이 얼마나 걸릴까요?
07 내일 아침이면 찾아갈 수 있습니다.
08 속성 서비스도 있는데 그건 약간 비쌉니다.
09 일반 서비스로 하겠습니다.
10 이 카메라를 수리해 주시겠어요?
11 필름을 사고 싶습니다.

DIALOGUE ①

A: Can I enlarge this picture?
B: Sure. Do you have the negative with you?
A: Yes, I do.
B: What size would you like?
A: The same size as that picture.

A: 이 사진을 확대할 수 있을까요?
B: 그럼요. 필름 가지고 오셨나요?
A: 예, 가져왔습니다.
B: 어떤 사이즈를 원하시죠?
A: 저 사진과 같은 사이즈요.

FURTHER STUDY

- **6×8: six by eight**이라고 읽는다. 가로 먼저, 세로 나중의 순서로 가로 6인치(six inches)와 세로 8인치(eight inches)라는 뜻이 된다.
- **express service** 속성 서비스, 당일 현상됨
- **regular service** 2~3일 뒤에 현상됨

DIALOGUE ②

A: How long will it take to develop the picture?

B: We have half an hour service but it'll cost you 40% more.

A: How long is the regular priced service?

B: You can pick it up tomorrow morning.

A: I'll have the regular service.

A: 그 사진을 현상하는 데 시간이 얼마나 걸리나요?
B: 반시간이면 되는 서비스가 있는데 다만 가격이 40% 더 비싸요.
A: 일반 가격 서비스는 얼마나 걸리죠?
B: 내일 아침이면 찾을 수 있습니다.
A: 일반 서비스로 하겠어요.

- **enlarge** [enlɑːrdʒ] 확대하다
- **develop** [divéləp] 현상하다
- **half an hour** 반 시간(30분)
- **negative** [négətiv] 사진의 음화, 찍은 필름
- **regular** [régjələr] 보통의, 표준적인
- **pick up** (사진을) 찾다

 Track 75

Unit 25

I'd like to get my hair cut.

머리를 깎기 원합니다.

우리나라도 요즘은 많이 분업화되어 청구되는 경향을 보이지만 해외에서는 특히나 우리나라와 다르게 이발, 면도, 머리감기 등을 따로 주문해야 한다. 팁은 요금의 10~15% 주면 적당하다.

📢 USEFUL EXPRESSIONS

01 How would you like to have your hair cut?
02 I like it rather short all around.
03 I just want a haircut, please.
04 A haircut and a shave, please.
05 A little shorter in the back, please.
06 I want my hair parted on the right(left).
07 You don't need an appointment.
08 Just a trim, please.
09 I'd like my ears to be covered.
10 I'd like my ears to show.
11 How would you like your permanent?
12 I'd like to get a medium permanent.
13 A shampoo and set, please.
14 Will you brush, please?

01 머리를 어떻게 하시겠어요?
02 전체적으로 약간 짧게 해 주세요.
03 이발만 해 주세요.
04 이발과 면도를 해주세요.
05 뒷머리를 약간 더 짧게 해주세요.
06 오른쪽(왼쪽)으로 가르마를 타주세요.
07 예약은 필요 없습니다.
08 약간만 다듬어 주세요.
09 귀가 덮이게 해주세요.
10 귀가 보이게 해주세요.
11 파마를 어떻게 해드릴까요?
12 중간으로 말아주세요.
13 머리를 감고 세트해 주세요.
14 브러싱을 해주십시오.

DIALOGUE ①

A: I'd like a haircut and a shave, please.
B: Yes, how would you like to have your hair cut?
A: I like it rather short all around.
B: OK.

A: 이발과 면도를 하고 싶습니다.
B: 알겠습니다, 머리는 어떻게 해 드릴까요?
A: 전체적으로 약간 짧게 잘라주세요.
B: 알겠습니다.

FURTHER STUDY

- **haircut** 이발
- **shampoo** 머리감기
- **permanent wave** 파마
- **I'd like to have a manicure, please.** 매니큐어를 칠해 주세요.
- **scissors** 가위
- **comb** 빗
- **whiskers** 구레나룻
- **moustache** 콧수염
- **shave** 면도
- **part** 가르다, 분할하다
- **razor** 면도칼
- **beard** 턱수염
- **sideburns** 짧은 구레나룻

 **DIALOGUE ②**

A: I'd like a permanent wave, please.
B: Yes, how would you like your permanent?
A: I'd like a medium permanent.
B: Yes, ma'am.

 A: 파마하려고 하는데요.
B: 알겠어요, 어떻게 해드릴까요?
A: 보통으로 말아주세요.
B: 예, 알겠습니다.

WORDS

- **short** [ʃɔːrt] 짧은, 짧게
- **appointment** [əpɔ́intmənt] 약속, 임명
- **medium** [míːdiəm] 중간
- **back** [bæk] 뒤쪽, 안쪽
- **trim** [trim] 정돈, 깎아 다듬기

MEMO

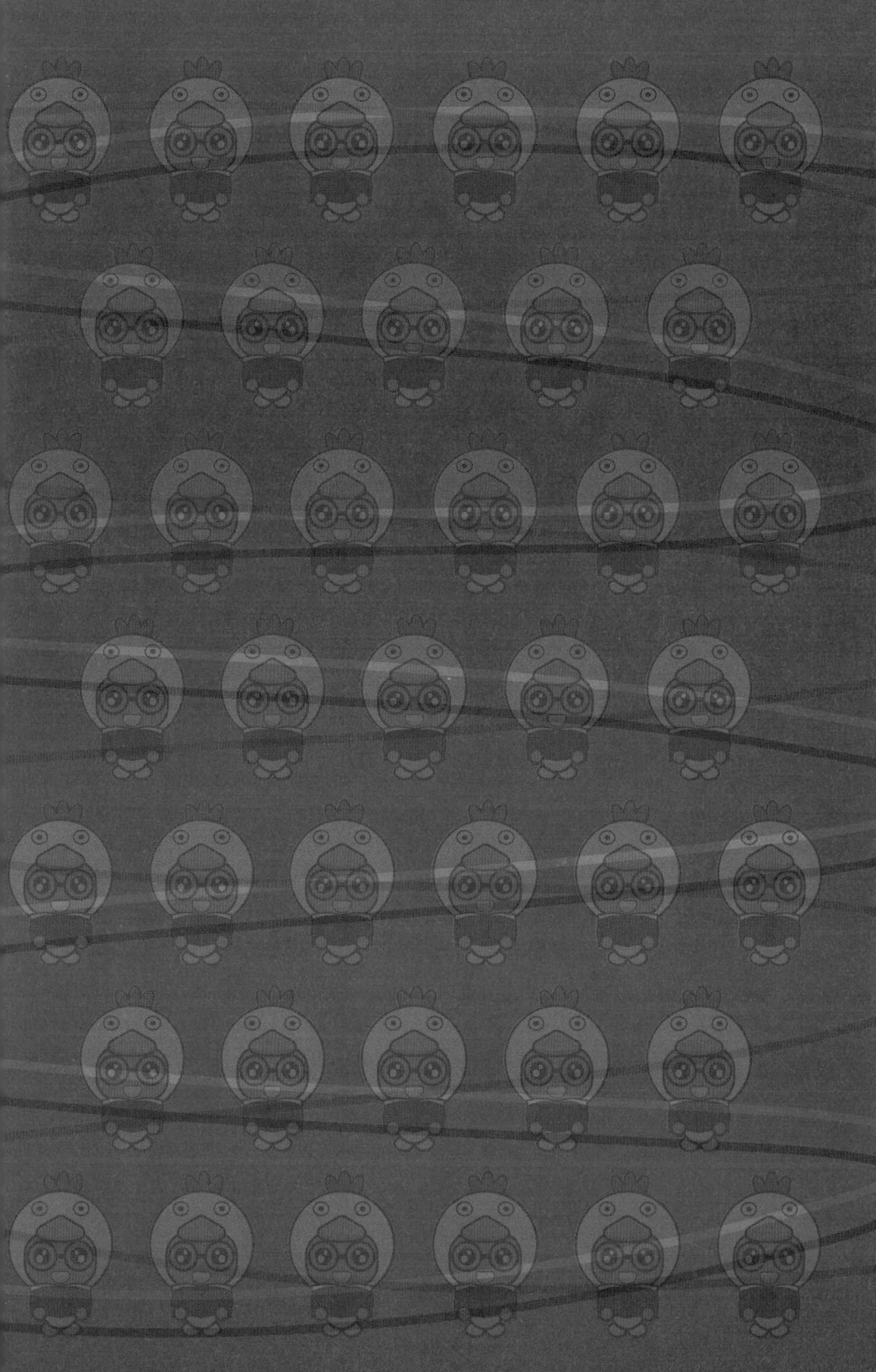

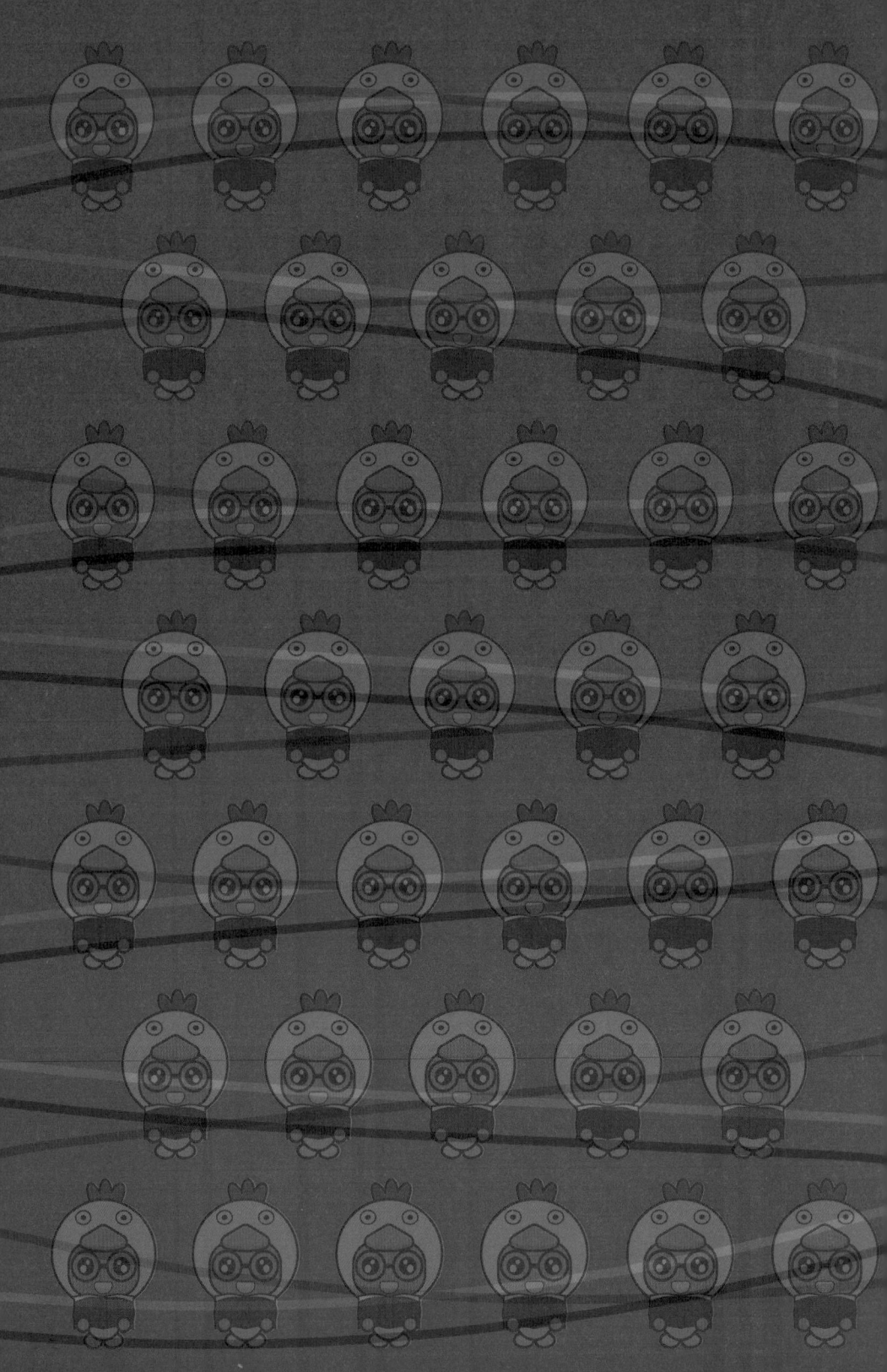